普通高等教育"十三五"规划教材

大学生安全教育读本

安全就在你我身边

ANQUAN JIUZAI NIWO SHENBIAN

陈国顺　吕容涛◎主编

中共中央党校出版社
The Central Party School Publishing House

图书在版编目（CIP）数据

安全就在你我身边／陈国顺，吕容涛主编．--北京：中共中央党校出版社，2018.6
ISBN 978－7－5035－6400－0

Ⅰ.①安… Ⅱ.①陈… ②吕… Ⅲ.①大学生—安全教育 Ⅳ.①G645.5

中国版本图书馆 CIP 数据核字（2018）第 097188 号

安全就在你我身边

责任编辑	宗　边
版式设计	朱凤杰
责任校对	彭凤娇
责任印制	叶园菁

出版发行	中共中央党校出版社
	（北京市海淀区大有庄 100 号）
邮政编码	100091
网　　址	www.dxcbs.net
电　　话	（010）62808912（发行）
经　　销	全国各地新华书店
印　　刷	三河市恒彩印务有限公司
字　　数	216 千字
版　　次	2018 年 6 月第 1 版　2018 年 6 月第 1 次印刷
开　　本	787 毫米×1092 毫米　1/16
印　　张	11
定　　价	26.00 元

编 委 会

前　言

　　生命无价，安全第一。大学生是即将走向社会的宝贵人才资源，是中国特色社会主义事业的建设者和接班人，肩负着实现中华民族伟大复兴的历史使命。大学生的人身安全和身心健康，不仅关系到大学生本人及其家庭的幸福，同时也是高校与社会稳定和谐的基础。大学生热情奔放、性格直率，积极追求上进，但是由于大学生中独生子女居多、家庭的关爱以及中小学的应试教育，使得部分大学生处事经验相对匮乏，安全防范能力相对薄弱。因此，抓好大学生安全教育，增强大学生的安全意识，提高大学生的安全防范能力，已成为高校思想政治教育的一项重要任务。

　　随着改革开放的深入推进，我国高等教育迅速发展，呈现出高校管理方式社会化、办学形式多样化、学生结构复杂化以及校园与社会相互交叉、相互渗透的特点，高校也由原来单一的封闭型教学单位转变为全方位、多功能、开放型的"小社会"。各种社会思潮涌入大学校园，各种社会矛盾与高校自身发展矛盾产生叠加，学生与社会的接触明显增多，导致危及大学生人身财产安全的案件以及诱发大学生违法犯罪的案件时有发生，高校安全已成为社会安全工作十分重要的组成部分。与此同时，"学生无小事、安全无小事"的观念已得到高校各级领导和国家教育、公安等部门的高度认同，"平安校园"创建的工作力度越来越大，安全的技防、物防、人防投入越来越多。然而，涉及高校大学生的各类案件、警情并没有得到明显遏制。究其原因，大学生安全防范意识和遵纪守法意识的不足或淡薄是根本。

　　《教育部 2018 年工作要点》提出，加强校园安全监管，组织春秋两季开学工作专项督导，制订加强高校安全稳定综合防控体系建设意见、加强学校反恐防范工作指导意见，深化平安校园建设，推动加强大中小学国家安全教育，出台教育系统网络安全事件应急预案，深入落实网络安全责任制。在高校开展科学、系统的安全教育，不仅可以使大学生有效规避风险、预防意外事故发生，还能提升大学生应对突发事件的心理能力、处理突发问题的应急反应能力，从而切实保障大学生的基本人身安全。

为了帮助大学生正确认识当今社会，提高自身安全素质，我校保卫处一线工作的同志结合实际编写了《安全就在你我身边——大学生安全教育读本》。本书针对高校大学生安全工作中存在的一些突出问题作了系统、全面的阐述，内容包括国家安全、人身安全、交通出行安全、网络安全、财产安全、消防安全、社会实践和就业安全、心理健康与安全、遵纪守法、防范自然灾害等。本书通过列举和剖析大学校园内实际发生的典型案例，参考借鉴公安机关和其他兄弟高校的经验，较为实际和具体地讲解了大学生应掌握的相关安全基础知识及防范措施，力求说理透彻、深入浅出、贴近校园、贴近生活，既可作为大学生增强安全意识、提升自我保护能力的基本教材，又可作为广大高校师生以及从事大学生安全教育工作人员的工具书。

本书在编写过程中，借鉴和参考了部分学者及专家编写的相关书籍，查阅了大量文献资料，在此向相关作者一并表示感谢。由于编者水平有限，书中难免有不足或疏漏之处，欢迎广大读者批评指正，以便我们能够进一步完善和提高。

编　者
2018 年 6 月

CONTENTS 目录

第一章

国家安全

维护国家安全，是坚持和发展中国特色社会主义，实现"两个一百年"奋斗目标和中华民族伟大复兴中国梦的重要保障。党的十九大报告指出，"国家安全是安邦定国的重要基石，维护国家安全是全国各族人民根本利益所在。要完善国家安全战略和国家安全政策，坚决维护国家政治安全，统筹推进各项安全工作。健全国家安全体系，加强国家安全法治保障，提高防范和抵御安全风险能力。严密防范和坚决打击各种渗透颠覆破坏活动、暴力恐怖活动、民族分裂活动、宗教极端活动。加强国家安全教育，增强全党全国人民国家安全意识，推动全社会形成维护国家安全的强大合力"。

大学时代是世界观、价值观、人生观形成的重要时期，也是国家安全意识养成的最重要时期。大学生是未来国家建设的中坚力量，也是国家的未来和希望。大学生的国家安全意识如何，将直接关系到国家的稳定和社会主义建设的成败。国家利益高于一切，珍惜祖国荣誉，维护国家安全和利益，是每个大学生的神圣职责。

第一节　树立国家安全观念

国家安全一般是指作为社会政治权利组织的国家及其所建立的社会制度的生存和发展的保障，其内涵是根据国家安全所受的威胁和各国由此制定的安全目标所确定的。

一、国家安全的内涵与本质

传统国家安全，指的是在政治上国家政权及社会制度如何防止内外敌对势力和敌对分子的政治干预、压力、颠覆、渗透和破坏，在军事上主权国如何应对外来的威胁和军事入侵。随着国家经济、社会和科技的发展以及国际政治斗争形式的变化，其内涵发生了很大的变化。

图 1-1　《中华人民共和国国家安全法》

2015 年 7 月 1 日，以总体国家安全观为指导思想的《中华人民共和国国家安全法》（以下简称《国家安全法》）颁布并实施，这既是积极应对各种国家安全风险挑战的现实需要，也是全面推进依法治国的重要举措。在新的国家安全观念中，不仅包括"政治安全"和"军事安全"，还包括国土安全、经济安全、文化安全、社会安全、科技安全、信息安全、生态安全、资源安全、核安全等方面，主要表现为国家独立主权和领土完整以及人民生命财产不被外来势力侵犯，国家政治制度、经济制度不被颠覆，经济发展、民族和睦、社会安定不受威胁，国家秘密不被窃取，国家工作人员不被策反，国家机构不被渗透等。

在党的十九大报告中，"坚持全面依法治国"，被明确作为十四条新时代坚持和发展中国特色社会主义的基本方略之一。报告指出："坚持依法治国、依法执政、依法行政共同推进，坚持法治国家、法治政府、法治社会一体建设，坚持依法治国和以德治国相结合，依法治国和依规治党有机统一，深化司法体制改革，提高全民族法治素养和道德素质。"

二、新时期大学生维护国家安全面临的形势

当前，境外敌对势力对我国进行"西化""分化"的战略图谋开始转向文化渗透，国内高校成为他们渗透的主要阵地，在校大学生成为他们文化渗透的主要对象。所以，大学生面临的维护国家安全的形势是长期的、复杂的、严峻的。

（一）境外敌对势力在意识形态领域的渗透颠覆活动

境外敌对势力通过互联网等渠道进行颠覆等渗透活动，极力抛售西方民主、自由的思想和价值观，诋毁我党和社会主义制度，甚至煽动、策划、组织民族分裂活动。作为青年人才和知识分子聚集区的高校，也成为境外敌对势力进行重点渗透颠覆活动的前沿阵地。境外敌对势力通过各种伪装，以学术交流、教育合作、志愿服务、助学助困等方式进入高校内部，在青年学生中间进行有目的、有计划的渗透颠覆活动。如美国国家民主捐赠基金会（简称 NED），打着非政府组织（NGO）的招牌，以教育教学和学术交流作为掩饰，通过各种活动，实现意识形态输出、文化颠覆的目的。有些组织甚至直接以战略资金的形式，频频资助"民运""藏独""东突"等各种反华势力，直接干涉中国内政。

（二）境内外分裂势力勾结策划的民族分裂活动

境外敌对势力与境内的"藏独""疆独"等分裂势力相勾结，策划、实施民族分裂行动。在制造暴力恐怖事件的同时，境内外民族分裂势力利用宗教大肆开展分裂破坏活动。他们披着宗教的外衣，打着"圣战"的旗号，煽动宗教狂热，攻击党的民族宗教政策，散布"反汉排汉"情绪，制造仇恨，鼓吹"藏独""疆独"。宗教极端势力通过各种手段，收买、拉拢、策反朝觐和外出人员，争夺清真寺的领导权，迫害爱国进步宗教人士，加紧向高校渗透，企图争取青年学生的支持。特别是在新疆、西藏，境内外民族分裂分子还通过广播电台、互联网、音像制品、书籍报刊等途径，大肆散布分裂主义舆论，篡改历史，妄图分裂祖国。

三、自觉担负维护国家安全的责任

国家安全是国家的根本所在，国家利益高于一切。维护国家安全是当代大学生义不容辞的责任，也是党和国家对每名大学生的基本要求。

（一）树立国家安全高于一切的观念

要增强国家安全意识，"没有永久不变的国家友谊，只有永久不变的国家利益"。要克服麻痹思想，提高识别能力，不要被"和平""友好""交往"中的一些假象所迷惑，从而看不见隐蔽战线上尖锐复杂的斗争。

发现外教或外籍人员在不恰当的场所宣扬西方的"自由""民主""人权"，散布极端的个人主义和无政府主义，宣传西方物质文明及拜金主义等等，都要及时向有关部门报告。对于收到的反动心战宣传品要及时主动上交，防止扩散，产生不良影响。与外国人接触要严守国家秘密。到国外就读或学习、旅游，行前要主动接受有关部门的国家安全教育，了解、掌握国家安全知识，不但要做好物资准备工作，还要做好充分的精神准备，提高国家安全和防范意识，自觉维护国家安全，抵制敌对势力的策反、拉拢、威胁、利诱活动，并定期向学校汇报工作、学习情况。

相关链接：

大安全时代的"总体国家安全观"

（二）克服妄自菲薄的不正确思想

大学生在对外交往中，不能只讲友情，不讲敌情，既要热情友好，又要内外有别。不能认为国家安全与己无关，对危害国家安全的行为视而不见，失去应有的警惕，更不能出于个人私利泄露国家机密，危害国家利益。对西方的思想意识、价值观念和腐朽的生活方式，应自觉地抵制和斗争。

大学生去国外生活时，要严格遵守外事纪律和有关规章制度，遵守前往国家的法律法规，尊重其他国家或地区的社会公德和风俗习惯，避免产生误会或出现不应有的问题，绝不能做有损国格、人格的事情。

任何国家都有其自己的安全利益，在政治、经济、文化、军事、科技、资源等方面都不尽相同。如果缺乏正确的认识，就有可能产生错误的看法，乃至做出亲者痛、仇者快的事情来。

（三）自觉保守国家秘密

要增强保密意识，严格遵守保密制度。既要对外开放，扩大对外交流，又要确保国家机密不被泄露，大学生要克服有密难保、无密可保的糊涂认识。在对外交往过程中，凡涉及国家机密的内容，要么回避，要么按上级的对外口径回答，不要随便涉及内部的人事组织、社会治安状况、科技成果、技术诀窍和经济建设中各种未公开的数据资料。大学生在与境外人员接触时不带秘密文件、资料和记有秘密事项的信息载体。对方直接索取科技成果、资料、样品或公开询问内部秘密时，要区别情况，灵活予以拒绝。

 案例警示

案例 1

中央某部委某研究所工作人员李某，1991 年东北某工业大学毕业，由于受金钱侵蚀，主动把我国《机械工业"九五"分行业规划》这份重要文件出卖给某国商社驻京机构。该文件是中央某委对"九五"期间各个分行业的发展起指导作用的指导性规划，涉及我国在"九五"期间机械工业领域的技术开发、技术改造、设备研究、设备引进等共 1685 个项目，其中含有外汇额度的设备引进项目就有 416 项，机械工业领域的秘密一目了然。后我国家安全机关将文件追回。李某受到了法律的制裁。

案例2

朱某是北京某大学的一名大学生。在北京学习期间，朱某结识了某国驻华大使馆文化参赞萨某。其间，朱某又认识了某自治区党校退休老师杜某。后来，萨某提出要朱某及杜某等为其收集新疆伊斯兰教的有关情况。朱某及杜某未拒绝，与萨某签订了协议书，并接受由萨某提供的摄像机一部、活动经费 10000 元以及二人的月薪 3000 元。接着，朱某及杜某先后前往乌鲁木齐、喀什、莎车等地，拍摄、录制了伊斯兰教有关情况的资料。不久朱某、杜某被抓获，其拍摄、录制的全部资料被追缴。经某自治区国家保密工作局、宗教事务局鉴定，朱某所搜集资料的密级为"机密"级。朱某等实施的行为严重危害了国家安全。

案例3

2002 年 3 月 22 日，北京市第一中级人民法院对美国籍被告人方某非法获取国家秘密、行贿一案进行一审公开宣判。法院经审理认定，方某原系香港一公司执行董事、经理。1995 年至 1999 年间，方某为使其公司代理的外商在中国多个重大电力项目招标中中标，非法获取中国国家秘密文件资料 35 份，向有关国家工作人员行贿 21.5 万美元。方某的行为已构成非法获取国家秘密罪和单位行贿罪，数罪并罚，依法决定执行有期徒刑 5 年，并处驱逐出境。

案例4

傅某原是某军工企业的副总工程师，他在与同单位工作的妻子一起弃职离岗时，擅自带走 50 多张计算机软盘、一块大容量硬盘和大量设计草稿、记录、图纸，涉及军事机密项目 30 余项。在法庭上，傅某夫妇以"没有造成什么后果"自辩，检方则严正指出："泄密是一种行为犯罪，不是结果犯罪。只要当事人客观上具备了泄露国家秘密的条件，有了泄露国家机密的可能，就能定罪量刑。"傅某夫妇分别被判处有期徒刑 7 年、6 年。

案例5

沈某某，原系广东某集团公司党员、副总经理。2003 年至 2007 年，沈某某多次向境外人员王某某提供我国第三代核电招标项目方面的有关材料和内部消息。其中机密级国家秘密两份、情报一份。2009 年 1 月，广东省高级人民法院终审判决沈某某犯为境外非法提供国家秘密、情报罪，判处有期徒刑 5 年，剥夺政治权利 1 年；数罪并罚决定执行有期徒刑 17 年，剥夺政治权利 5 年，并处没收个人财产 50 万元。

案例6

2013 年 6 月，前美国中情局（CIA）职员爱德华·斯诺登将两份绝密资料交给英国《卫报》和美国《华盛顿邮报》，并告之媒体何时发表。按照设定的计划，2013 年 6 月 5 日，英国《卫报》先扔出了第一颗舆论炸弹：美国国家安全局有一项代号为"棱镜"的秘密项目，要求电信巨头威瑞森公司必须每天上交数百万用户的通话记录。6 月 6 日，美国《华盛顿邮报》披露称，过去 6 年间，美国国家安全局和联邦调查局通过进入微软、谷歌、苹果、雅虎等九大网络巨头的服务器，监控美国公民的电子邮件、聊天记录、视频及图片等秘密资料。

第二节　抵制邪教组织

邪教是阻碍人类社会发展的一大毒瘤，是危害当代大学生的一大公害。它是一个长期存在的社会问题，是一种具有危害性、对抗性的破坏力量，本质是反人类、反社会、反科学、反政府。现今，邪教的滋生蔓延、发展壮大及其进行的一切破坏行动已经严重影响到国家社会安全和当代大学生的培养。作为国家最高层次教育机构的高校必须高度重视反邪教教育，并提出有效的反邪教教育策略，引导大学生认知邪教的本质及危害，精准地识辨邪教组织，提高防范意识，从而抵制思想侵蚀，远离邪教。

一、认识宗教和邪教

中国是个多宗教的国家。在我国被批准的宗教主要有佛教、道教、伊斯兰教、天主教和基督教。我国公民有宗教信仰的自由，并且我国相关法律对宗教信仰自由做了明确规定。

图 1-2　邪教危害社会

我国《宪法》第三十六条规定，中华人民共和国公民有宗教信仰自由，任何人不得利用宗教进行破坏社会秩序、损害公民身体健康、妨碍国家教育制度的活动，宗教团体和宗教事务不受外国势力的支配。《中华人民共和国教育法》第八条规定，国家实行教育与宗教相分离，任何组织和个人不得利用宗教进行妨碍国家教育制度的活动。教育部《普通高等学校学生管理规定》第四十三条明确，学校应当坚持教育与宗教相分离原则，任何组织和个人不得在学校进行宗教活动。

邪教组织是指冒用宗教、气功或者其他名义建立，神化首要分子，通过制造、散布迷信邪说等手段蛊惑、蒙骗他人，发展、控制成员，危害社会的非法组织。一般而言，邪教组织主要具有"教主崇拜、精神控制、编造邪说、敛收钱财、秘密结社和危害社会"等特征。如美国的"人民圣殿教"和"大卫教"、日本的"奥姆真理教"、法国和比利时的"太阳圣殿教"、俄罗斯的"最后的圣约书神庙"、乌克兰的"大白兄弟会"均属于邪教组织。

我国公布的邪教组织有 15 个，分别是法轮功、呼喊派（又称全能神）、门徒会、全范围教会、灵灵教、新约教会、观音法门、主神教、被立王、统一教、三班仆人派、灵仙真佛宗、天父的儿女、达米宣教会、世界以利亚福音宣教会。

二、邪教和宗教的区别

（一）教主形式不同

在宗教中，神、人是有别的，再有权威、再德高望重的神职人员（僧侣、主教、神父、牧师、道士等）也不得自称为神，邪教主却自称为神。如法轮功头目李洪志自称为神；日本"奥姆真理教"的头头麻原彰晃也自称是佛的转世，并有一张伪造的上有光环、双腿盘坐、飘浮空中的"飘浮神功图"照片；美国"人民圣殿教"的教主吉姆·琼斯和我国南方几年前破获的邪教组织，其头头自称"灭绝王"。宗教不允许神职人员个人骗财敛财，而邪教教主如李洪志则以大肆敛财为目的。

（二）组织形态不同

宗教的传教活动是公开的，僧侣在寺庙中公开讲经，主教、神父在教学中公开布道，这是人们所常见的。而"法轮功"等邪教组织则有不可告人之处。这些邪教的组织形态不稳定、不正规，没有固定的组织名称、经典，没有传统的信仰对象和活动场所，教内的职务名称杂乱不一。有的自称为"王""主""活基督"，有的自称为"神的化身""菩萨转世"，歪曲、曲解宗教的教规教义或自编信条，并根据形势的变化，随时改变组织名称、活动场所等，其活动也是秘密进行的。

（三）社会影响不同

宗教作为唯心主义的意识形态，固然对社会有消极影响，但没有现实的、直接的危害，引导得好，还可以减少其消极作用。而邪教对社会有直接的、现实的危害，如散布谣言、邪说，鼓吹"末世论"，宣扬迷信，恐吓、蒙骗群众，煽动"升天""寻主"，扰乱社会生产、生活秩序。如："法轮功"和前面所述的"人民圣殿教"等都是反社会、反人类的；日本的"奥姆真理教"，在 1995 年 3 月 20 日制造了东京地铁的沙林毒气案，导致 12 人死亡，5000 人受伤，其反社会反人类的性质十分明显。

三、"法轮功"的邪教组织特征

（一）教理歪曲和神化教主

"法轮功"是冒用宗教、气功或其他名义设立的。冒用气功、科学术语拼凑了一整套"法轮大法"的歪理邪说。"法轮功"的创始人李洪志编造了形形色色的歪理邪说，如"地球末日论""地球爆炸论"等，人为制造恐慌心理和恐怖气氛，以使练习者膜拜和追随他这个万能的"救世主"。此外，李洪志还编造了荒诞的"消业说"，使无数练功者贻误了治疗时间，造成或死或伤或精神失常，酿成了一幕幕惨剧。

"教主崇拜"是一切邪教组织的共同特征。"法轮功"组织大搞对李洪志的神化和"教主崇拜"，李洪志吹嘘自己是"佛祖转世"，"有搬运、定物、思维控制、隐身"等功能，有推迟地球爆炸时间的大神通，是"把整个人类超度到光明世界中"的救世主，从精神上主宰和操纵练功者，并从中聚敛钱财。

（二）严密的人身控制和组织结构

"法轮功"实行严格的精神控制。一般是通过引诱、"洗脑"和恐吓三步达到对练功者进行精神控制的目的。先以祛病健身为诱饵，以"真、善、忍"为幌子，引诱人们练习"法轮功"；接着要求练功者不断"学法"，与其他学说一刀两断，达到非"法轮功"不练、非"法轮大法"不信的痴迷状态。

"法轮功"属于秘密结社性质的非法组织。与其他邪教组织一样，"法轮功"建立了一套严密且诡秘的组织和策划系统，活动诡秘、策划闹事诡秘，不仅外界难知其内幕，而且一般练习者也不得其详。李洪志在国外发布一道秘密"指令"，几天内即可通过严密的组织系统和先进的通信手段传达给所有练功者。

（三）严重危害社会

"法轮功"危害社会。"法轮功"是一个对抗现实社会，给我国社会造成严重危害的典型邪教组织，具有强烈的反社会性。该组织策划非法聚集，煽动和组织围攻学校、公民家庭、报社、电视台、政府机关，甚至聚集在中南海周围进行非法示威。事实证明，"法轮功"的所作所为严重扰乱了正常的社会秩序，影响了社会稳定，具有明显的社会危害性。

"法轮功"大肆敛取钱财。邪教教主大都是非法敛取钱财的暴发户和吸血鬼，李洪志亦不例外。现已查明，"法轮功"为敛取信徒的钱财，大量组织书籍、画像、音像制品、练功服、徽章等"法轮功"系列产品的非法出版、生产和销售。李洪志及其他核心人物从中聚敛了巨额财富，成为名副其实的暴发户。

相关链接：
揭秘邪教"门徒会"：邪教组织上演的"驱鬼治病"血案

四、坚决抵制邪教的侵害

（一）崇尚科学的生活方式

大学生应当参加合法的社会组织，参与健康向上、有益身心的社会活动，包括体育健身活动。大学生不能参加邪教组织、会道门或其他以祛病健身、修身养性为幌子的非法组织活动，要经常保持政治警惕性，凡事多问几个为什么，防止上当受骗或做违法的事。

(二) 警惕境内外反动宗教组织对我国的宗教渗透

我们要高度警觉披着宗教外衣的人进行的违法犯罪的反革命破坏活动。曾经有一个学校的几位同学上街遇到一些人在散发宗教宣传品，并附有圣经讲习班的听课证，他们认为听听圣经，增加点知识也未尝不可，便报名参加了，没想到参加了非法宗教组织。大学生要提高警惕，切不可因为一时的好奇陷入反动宗教组织编织的陷阱。

(三) 检举揭发邪教的违法活动

如果接到了散发的或邮寄的宗教宣传品或参加宗教组织活动的邀请信，切不可轻易参加或将宗教宣传品在同学、朋友中散发，而应主动报告学校保卫部门或党组织，并配合学校工作。另外，我国原则上不允许教徒在家里聚会，举行宗教活动，如果有人邀请参加家庭宗教聚会，应该婉言谢绝；如果自己的亲人参与邪教聚会、串联等违法活动，要及时劝阻。

 案例警示

案例 1

2001 年 1 月 23 日下午，中央音乐学院在校大学生陈果，因痴迷法轮功在天安门广场自焚，造成终身残疾的严重后果。陈果习练法轮功之前在学校是品学兼优的学生，在国内的小提琴大赛中多次获奖。1998 年她在其母亲的影响下，开始习练法轮功，被李洪志的歪理邪说蒙骗，且越陷越深，不能自拔，以至于最后走向自残的道路。

案例 2

1998 年 6 月中旬某日凌晨，上海某大学医学院一名在读三年级的男学生从教学楼高层窗口坠下，当场死亡。死者头部、左侧鼻孔出血，后脑勺凹陷，双手抱拳呈打坐姿势，其状惨不忍睹。该生于 1998 年年初开始修炼"法轮功"，并投入大量精力练功，经常一坐就是几个小时。他在与女友、同学们相处时也谈"法轮"，劝说同学修炼"法轮功"，但被同学拒绝。他把学业、前途置之脑后，一心"修佛"，要"普度众生"。仅仅三四个月的时间，一个积极向上、朝气蓬勃的热血青年，"修炼"成了一个悲观厌世的"法轮功"弟子。他因邪理中毒太深，走火入魔，终于背负不起极端的矛盾和痛苦，惨死他乡，做了"法轮功"邪教组织的牺牲品。

案例 3

2014 年 5 月 28 日晚，在招远市麦当劳快餐店内发生一起故意杀人案。案件发生后，招远市公安局民警 4 分钟内赶到现场，当场将 6 名犯罪嫌疑人全部抓获。经查，河北籍犯罪嫌疑人张某某（男，无业），其长女张某（无业）、次女张某（无业）、儿子张某（辍学），河北籍张某某（女，无业）、山东籍吕某某（女，无业）6 人系邪教组织"全能神"成员，为发展邪教组织成员，在麦当劳向周围就餐人员索要电话号码，遭被害人拒绝后，遂对其进行殴打。之后，除犯罪嫌疑人张某某的儿子张某因未达到刑事责任年龄另行处理外，其余 5 人均因涉嫌故意杀人罪被依法刑事拘留。

第三节　防范恐怖主义

近年来，暴力恐怖袭击案件和个人极端暴力犯罪案件呈突发、频发的特点，造成大量无辜群众伤亡。与一般刑事犯罪案件相比，暴力恐怖袭击案件对国家、社会的危害要大得多。有的恐怖袭击案件甚至挑起民族、宗教矛盾，带有明显的政治目的，与复杂的国际形势密不可分。因此，反恐防暴斗争具有复杂性和艰巨性。

一、了解恐怖活动

2015 年 12 月 27 日，中华人民共和国第十二届全国人民代表大会常务委员会第十八次会议通过《中华人民共和国反恐怖主义法》，自 2016 年 1 月 1 日起施行。该法指出，恐怖主义是指通过暴力、破坏、恐吓等手段制造社会恐慌、危害公共安全、侵犯人身财产，或者胁迫国家机关、国际组织，以实现其政治、意识形态等目的的主张和行为。恐怖活动是恐怖主义性质的下列行为：组织、策划、准备实施、实施造成或者意图造成人员伤亡、重大财产损失、公共设施损坏、社会秩序混乱等严重社会危害的活动的；宣扬恐怖主义，煽动实施恐怖活动，或者非法持有宣扬恐怖主义的物品，强制他人在公共场所穿戴宣扬恐怖主义的服饰、标志的；组织、领导、参加恐怖活动组织的；为恐怖活动组织、恐怖活动人员、实施恐怖活动或者恐怖活动培训提供信息、资金、物资、劳务、技术、场所等支持、协助、便利的；其他恐怖活动。

二、中国恐怖主义现状——"三股势力"

"三股势力"是指民族分裂势力、极端宗教势力和暴力恐怖势力。

（一）"三股势力"的本质

民族分裂势力：是指打着民族的旗号，制造民族分裂、破坏祖国统一的一种政治主张。在新疆，当前民族分裂主义分子在国际敌对势力的支持下，冒充本民族利益的代表，煽动狭隘民族主义和宗教极端主义，大肆鼓吹"东突厥斯坦独立论"，进行民族分裂活动，企图在新疆建立"东突厥斯坦伊斯兰国"。

极端宗教势力：是指利用宗教并通过暴力恐怖活动实现其政治目标的一种思潮和行为方式，其中包括对宗教信仰体系所做的极端片面性解释。它宣扬宗教极端主义，鼓吹"圣战"思想，梦想建立由宗教精神领袖统治的政教合一的伊斯兰国家。

暴力恐怖势力：是指仇视现实社会，以有组织、有计划、不加选择的采用爆炸、绑架、投毒、暗杀等为手段袭击无辜平民，企图制造大规模的恐怖气氛，以实现其政治目的的一种恐怖势力。

在新疆，暴力恐怖势力与民族分裂势力、极端宗教势力融为一体，其政治目的就是为了破坏民族团结，分裂祖国统一，妄图建立起"东突厥斯坦伊斯兰国"政权。他们在新疆进行了一系列罪恶的破坏活动，如大造分裂舆论，发展暴力恐怖组织，建立秘密训练基地，制造武器弹药，策划、组织骚乱和暴乱事件；制造了针对党政机关、基层干部和无辜群众的爆炸、暗杀、投毒、纵火等恐怖事件。

（二）"三股势力"对国家、社会、人民的危害

根据警方统计，仅1990年至2014年，境内外"东突"恐怖势力在新疆制造了百余起暴恐事件，造成各族群众、公安民警、基层干部、宗教人士等100多人丧生，数百人受伤。典型案件主要有：

2014年乌鲁木齐"5.22"严重暴力恐怖案件：5月22日7时50分许新疆维吾尔自治区乌鲁木齐市沙依巴克区公园北街早市发生一起爆炸案，造成39人死亡，94人受伤。

喀什7.30事件：2014年7月30日清晨，新疆维吾尔自治区喀什市艾提尕尔清真寺哈提甫居玛·塔伊尔大毛拉主持完晨礼后，被暴恐分子残忍杀害。

昆明火车站暴恐案：2014年3月1日21时许，昆明火车站广场发生蒙面暴徒砍人事件。截至2日6时，已造成29人死亡、130余人受伤。

（三）2002年以来"三股势力"对教育领域的渗透

境内外的"三股势力"为实现把新疆从祖国分裂出去的罪恶目的，主要以宗教、文化等方面为重点，以现代传播媒体为手段，以高校的教师和优秀的青年学生及内招班的学生为对象，加紧向学校渗透，与我们争夺下一代，争夺意识形态领域阵地，并呈现出来以下新特点。

（1）利用现代传播媒体进行渗透，表现为网络渗透、空中渗透、电话渗透。

（2）利用宗教进行渗透。基督教、天主教对学校的渗透加强，非法宗教活动在学校屡禁不止。

（3）利用反动组织进行渗透。主要表现在境外组织直接对学校的渗透方面。如伊扎布特组织、东突厥斯坦伊斯兰党组织、伊斯兰圣战宣讲团等组织。

（4）利用资助学术研究进行渗透。

（5）利用出国留学、探亲等小恩小惠手段收买人心。

（6）将目标直接瞄准了在内地就读的"内高班"和内地高校新疆籍少数民族大学生。

（7）打着维护所谓"民族文化"的旗号，恶毒攻击政府推行的"双语"政策。

（8）物色领头人物，抬出了热比娅这样一个经济犯罪分子、民族分裂分子、暴力恐怖分子和地地道道的卖国贼，对其大加包装打扮，冠以所谓"维吾尔民族的代言人""维吾尔民族的精神母亲""人权斗士""自由勇士"等称号，并积极活动为其获得诺贝尔和平奖的提名，以此来欺骗部分不明真相的群众和青少年学生。

相关链接：

高举法治利剑，严惩暴恐分子

三、暴力恐怖袭击案件的应对

（一）学校发生劫持恐怖袭击事件时的应急避险指南

当在校园内发生恐怖分子劫持袭击事件时，应注意做到以下几点。

（1）现场师生要保持镇静，不要乱跑乱叫。

（2）尽量顺从劫持者，满足劫持者提出的要求。

（3）不要随便触碰现场周边的物品，以免触动爆炸装置或毒气设施。

（4）无论有什么事，学生都要向老师报告，不要直接与劫持者交涉。

（5）根据现场情况，老师要设法与劫持者交涉，争取逐步释放学生，优先释放幼小、体弱、生病、受伤的学生，并设法让被释放的学生把里面的有关情况、信息传递出去（尽可能讲明劫持者的人数、大体位置，武器装备、爆炸装置的位置等）。

（6）学生家长不要擅自采取营救行动。

（7）警察采取解救行动时，人质尽可能地卧倒贴地，用双手抱住头部，随后迅速按警察的指令撤离。

（二）学校发生爆炸恐怖袭击事件时的应急避险指南

当在校园中发生爆炸恐怖袭击事件时，应注意做到以下几点。

（1）学校和老师告诫学生不要惊慌、乱跑，趴在原地。

（2）用随身携带的手帕、纸巾或衣角捂住口鼻，防止烟气中毒。

（3）服从统一指挥，有秩序地从安全通道迅速撤离到安全地域。

（4）不要乘坐电梯下楼。

（5）多层楼梯的转角处要有老师引导学生和维护秩序，防止前后踩踏事故的发生。

（6）学校或老师迅速报警，并协助警方调查。

（7）组织自救互救，等待救援队伍。

（三）学校发生生化恐怖袭击事件时的应急避险指南

当在校园中发生爆炸恐怖袭击事件时，应注意做到以下几点。

（1）发现可疑的生化恐怖袭击迹象，学校要立即报告警方或应急管理部门。

（2）迅速用湿毛巾、手帕或衣角捂住口鼻（或佩戴防毒面具和各类防护口罩），扎好领口、袖口、裤脚口，尽量减少皮肤的外露，以防人体表面被损伤或被蚊虫叮咬。

（3）统一指挥，有秩序地将师生转移到附近的人防工事内，或转移到上风方向的高地。

（4）来不及撤离的师生，可躲在封闭性较好的学校建筑物内，关严门窗，堵住缝隙，关闭空调机、通风机，等待救援人员。

（5）撤离到安全区域的师生，要迅速脱去被侵蚀的衣物，清洗或擦拭裸露的皮肤。

（6）如发现师生染毒，应及时用清水、肥皂水冲洗染毒部位，并紧急送医院，对症处理。

（7）如发现师生染病，要尽快将其隔离并送医院治疗，防止传染给其他师生。

 **拓展阅读**

正义群众的呼声

2014年4月30日下午，乌鲁木齐市发生严重暴力恐怖袭击案件。5月1日，一封由国内不同高校的11名维吾尔族大学生共同署名的公开信，强烈谴责了暴恐分子乱杀无辜的罪恶行径，并呼吁："维吾尔同胞勇敢地站出来，抵制邪恶极端，与极端思想做斗争。"公开信迅即被各大网站在首页显著位置刊出，更激起了全国网民的热烈反响和共鸣，留言、跟帖和贴吧跟评数量达数十万条。

我们,不会再沉默

恐怖分子滥杀无辜,罪恶深重,就是死了,也会永遭唾骂。

一次又一次听到噩耗。这一次时间被定格在2014年4月30日19时10分,我们的心,又开始滴血,3条鲜活的生命逝去,79个心灵将会留下深重的伤痕。正好五一大假,放下书包,正在火车站购买出行的火车票,本就痛快地春游,可此刻,我兴致尽无。我没有伤害别人,可是我却有负罪感;我没有得罪别人,可似乎我又一次痛苦地被周围人警惕和躲避。

杀人犯呀,你到底为了什么?你到底要什么?你给我们这个民族究竟带来了什么?好,你高喊口号,你说你要的是尊重和权益,可是就在离你制造爆炸不远的地方就是教民安静礼拜的清真寺!好,你说你是虔诚的信仰者,可你所犯下的暴恐罪行,不分民族,无论男女,不放过老少,手段残忍,他们同你何仇之有,哪里有宗教崇尚的善德底蕴?好,你说在给民族谋福祉,看吧,你们的罪孽不得不让人对我们防范,你们让一个民族被暴恐所绑架,你们让我们家乡整个地区被恐怖所标签化,即便在国外,坐飞机也要多走一道安检门,你们让新疆人就是在国内出差也不敢被轻易留宿……犯罪分子呀,你们给这个民族带来了无尽的痛苦和深重的灾难。

再问恐怖分子为什么?果真如被愚弄的恐怖分子所说杀掉一个"卡普尔",就能成为圣人,进天堂?古兰经中提倡,"两世吉庆",就是今生要幸福吉庆,来世安详。《福乐智慧》中说:"你若想今生获得善果,好吧,无须多言,要多做好事"。然而恐怖分子凶残至极。谋杀素昧平生毫无恩怨者的生命,抡起邪恶的砍刀杀向无辜生灵的罪行难道是慈悯?

再问恐怖分子目的是什么?暴恐分子的目标就是制造恐怖氛围。近年来发生的暴力恐怖案件,基本上发生在闹市,目标对准的是有轰动效应的场所、对象、人员,飞机上、火车上、马路上、家庭中,警察、干部、社工、农民工,小伙、妇女、老人、小孩,维吾尔族、汉族、蒙古族、回族等等,都成为他们下手的对象,为什么犯罪分子如此嚣张?他们的目的就是要在各族百姓中制造恐慌,挑起矛盾,煽动仇恨。

再问恐怖分子得到了什么?剥夺他人的生命葬送自己的生命难道这就是收获?暴力分子得到的是满手沾满鲜血的罪孽:还有两天就结婚的维吾尔族小伙,张开双手哭喊爸爸的孩子,张望孩子的妈妈……暴力分子给新疆人民带来麻烦,外地人开始惧怕我们新疆,新疆人、维吾尔族成为"暴力恐怖"的代名词,新疆人没有地方住宿、飞机安检需要专门通道……我们理解了,我们不再埋怨内地人了,这就是暴恐分子为我们这个民族带来的"福利"。就是在国外,我们的维吾尔族教授也被单独反复安检,维吾尔民族成了国际问题民族……犯罪分子造的孽果正在由无辜的新疆各族人民偿还。昆明做生意的小伙给受伤害的无辜群众献血之后，眼含泪水深深地给周围的人鞠了一躬，他说暴力分子是恶人不能代表新疆人，但他为来自新疆向大家说了声令人落泪的"对不起"。

暴恐分子得到的是"两世"的正义重判。每一次暴力出现，暴恐分子最后的归宿都是正义的审判。先知穆圣（祈主福安之）的一句圣训中说："信仰的本质就是正行。""即使对待恶人穆斯林也不许可实行虐待和侮辱"，伊斯兰信仰禁止自杀和故意杀人，杀害无辜是最严重的罪之一。暴力恐怖势力已经穷途末路，是过街老鼠了。

暴力恐怖行径和暴力恐怖犯罪分子将永远被钉在历史的耻辱柱上。法律和正义，不会轻易放过任何一个罪恶累累的犯罪分子。与强大的国家政权为敌只有死路一条，与全体爱好和平的人民为敌必将粉身碎骨。我们也警告那些打着我们民族的旗号妄图制造事端的家伙小心点吧，请悬崖勒马。

我们呼吁维吾尔族同胞勇敢地站出来，抵制邪恶极端，与极端思想做斗争；伸出手来，挽救可能即将滑向深渊的无知孩子，不要让极端愚昧酿造暴力恐怖、谋害生命，不要让"暴力恐怖"绑架整个维吾尔族，不要让"暴力恐怖"成为新疆的标签。

我们呼吁各族同胞认清境内外敌对势力制造惨剧，希望造成恐慌、破坏团结、割裂社会，从而达到分裂国家的巨大阴谋，我们要擦亮眼睛，坚决不能让敌人的阴谋得逞、坚决不上敌人的当。

敌人害怕我们团结，说明团结最有力；敌人越是要破坏团结，我们就要更加团结！我们要团结，各民族要团结！

不能再沉默了，不会再沉默了！我们，并肩，向暴恐分子出拳！

 **案例警示**

案例 1

2008 年 3 月 14 日中午，一群不法分子在西藏自治区首府拉萨市区的主要路段实施打砸抢烧，焚烧过往车辆，追打过路群众，冲击商场、电信营业网点和政府机关，给当地人民群众生命财产造成重大损失，使当地的社会秩序受到了严重破坏，13 名无辜群众被烧死或砍死，造成直接财产损失超过 3 亿元。

在打砸抢烧中，不法分子的手段极其残忍、令人发指。他们背着装有石头、汽油瓶的背包，手持铁棍、木棍、长刀，见东西就砸，看到不顺眼的人就打，一边打一边狂笑。人们四处奔逃，医院急救中心的门口染满了鲜血，学生们躲在校园的操场上瑟瑟发抖。在江苏东路拉萨大桥车站，民工赵济民刚下公交车，就被一个暴徒用刀捅裂了肝脏。市民冯碧霞被割掉了耳朵。一名无辜群众被暴徒浇上汽油活活烧死……

案例 2

2009 年 7 月 5 日 17 时许，两百余人在乌鲁木齐市人民广场聚集，新疆警方按照工作部署和处突预案开展相应处置工作，依法强行带离现场七十余名挑头闹事人员，迅速控制了局面，之后，又有大量人员向解放南路、二道桥、山西巷片区等少数民族聚居的地区聚集，并高喊口号，现场秩序混乱，19 时 30 分许，部分人员在山西巷一家医院门前聚集，人数达上千人。19 时 40 分许，在人民路、南门一带有三百余人堵路，警方及时将这些人员控制、疏散。20 时 18 分许，开始出现打砸行为，暴力犯罪分子推翻道路护栏，砸碎三辆公交汽车玻璃。20 时 30 分许，暴力行为升级，暴力犯罪分子开始在解放南路、龙泉街一带焚烧警车，殴打过路行人。约有七八百人冲向人民广场，沿广场向大小西门一带有组织游窜，沿途不断制造打砸抢烧杀事件，21 时许，约有两百余名维吾尔族青年在人民广场自治区党委附近高呼口号，企图进入党委机关大院未遂后离去。造成多名无辜群众和一名武警被杀害，部分群众和武警受伤，多部车辆被烧毁，多家商店被砸、被烧。

2009 年 8 月 5 日，新疆维吾尔自治区人民政府新闻办公室新闻发言人侯汉敏称，乌鲁木齐"7·5"事件已经造成 1700 多人受伤、197 人死亡。其中，无辜死亡 156 人。无辜死难者中，汉族群众 134 人、回族 11 人、维吾尔族 10 人、满族 1 人。这位负责人说，在其他死亡的人员中，有的是因实施暴力犯罪活动被当场击毙，有的身份还有待辨认。有关部门负责同志指出，事实表明，这是一起由境外遥控指挥、煽动，境内具体组织实施，有预谋、有组织的暴力犯罪。"7·5"事件造成重大经济损失，有 331 间店铺被烧，暴力恐怖分子砸烧公交车、小货车、越野车、货车、警车等共计 627 辆，其中 184 辆车被严重烧毁。直接经济财产损失达 6895 万元。

第二章

人身安全

人身安全是指个人的生命、健康、行动、名誉等没有危险或不受到威胁。这是每个人生存的最基本也是最重要的条件。大学生人身安全教育与管理是学生管理工作的重要组成部分，历来受到高度重视。近几年，高校校园中学生人身伤害案件时有发生，其主要原因除了学校及周边治安环境复杂外，还有很多学生缺乏安全意识。因此，在大学生中普及预防人身及财产侵害的知识，对确保其自身的生命及财产安全具有举足轻重的意义。

第一节 预防纠纷，防止斗殴

大学生纠纷的表现形式主要有两种：一是争吵斗嘴，互相攻击、谩骂；二是打架斗殴，争吵不断升级，发展为你推我搡，最后大打出手。两种形式，联系紧密，以争吵开始，以打架甚至造成伤害告终。

一、大学生纠纷的主要原因和预防

大学生中发生纠纷的原因主要有以下几个方面：不拘小节容易发生纠纷；开玩笑过分或刻意挖苦别人容易发生纠纷；猜疑容易发生纠纷；骂人或不尊重别人容易发生纠纷；妒忌他人容易发生纠纷；不谦虚，狂妄自大，目中无人容易发生纠纷；极端利己，不容他人，争强好胜容易发生纠纷。

图 2-1 大学生纠纷

纠纷是大学生活中的常见现象，有时会造成严重后果。大学生应尽量冷静、克制，防止发生纠纷，避免因一时冲动造成无法挽回的后果。防止发生纠纷的总的原则是各守本分、互谅互让、求同存异、相互理解。当预感到可能发生纠纷的时候，应尽力做到以下几点。

（1）冷静克制，切莫莽撞。无论争执由哪方引起，都要持冷静态度，不可情绪激动，要大度，虚怀若谷。如果能够做到这一点，就能对一切纠纷"猝然临之而不惊，无故加之而不怒"，使纠纷化为乌有。

（2）诚实谦虚。与同学以及其他人相处，诚实、谦虚是团结和增进友谊的基础，也是消除纠纷的灵丹妙药。有了诚实、谦虚的精神，在发生纠纷的时候，就能认真听取他人的意见，认真地进行自我批评，宽容他人的过失，处理好相互间的争执。在与他人的交往中，特别在发生争执的时候，诚实、谦虚并不是懦弱、妥协的表现，相反，它正是强大和品德高尚的表现。

（3）注意语言美。实践证明，大学生中的纠纷多数由口角引起，而口角的发生大多是言语不当引起的。俗话说"病从口入，祸从口出""话不投机半句多"，深刻揭示了语言与纠纷的辩证关系。要做到语言美，一是要说话和气，心平气和地与人说话，以理服人，不强词夺理，不恶语伤人；二是说话要文雅，谈吐雅致，不说粗话、脏话；三是说话要谦虚，尊重对方，不说大话，不盛气凌人。

二、防止打架斗殴

生命权和健康权是人类最基本的权利，是其他一切权利的基础。打架斗殴行为严重威胁他人的生命与健康，轻者违反校规校纪，严重者构成犯罪，将被追究刑事责任。因此，防止打架斗殴对人对己都是一种责任，大学生应从自身做起，严于律己，宽以待人。

（一）防突发性斗殴的"偏方"——说服术

突发性斗殴往往是对于偶然事件不能冷静对待而引起的。制止这种斗殴首先应采取说服的方法，针对不同的对象讲清道理，指出"行少顷之怒，丧终身之躯"的严重后果，使冲动的头脑迅速冷静下来，不自酿苦果。

（二）防报复性斗殴的方法——攻心术和暗示效应

在生活中，人们的思想动机都会从言语、行为中显露出来。所以，我们要注意同学的思想变化，发现问题要及时、有针对性地进行规劝。攻心术以关切为先导，不直接指出对方的错误，因为那样容易引起对方的反感，或置对方于十分难堪的境地。大学生自尊心很强，所以应委婉劝导，攻心为上，用一种相似的人或事来善意暗示对方，让对方自己觉悟，从而珍惜同学之间的情谊。正如周恩来所说的：与人说理，须使人心中点头。

（三）防演变性斗殴

演变性斗殴一般有较长周期的滋生过程。同学们长期生活在一起，难免会在思想上或生活上发生一些摩擦和冲突。而有些伤感情的话语容易积怨成恨，引发斗殴，甚至造成伤亡。同学在一起相处的时候要注意人际关系的和谐。当发生冲突摩擦后，当事人要及时总结教训，解决好引起冲突的关键问题。切不可留下矛盾隐患，引起日后更大的纠纷，甚至引发斗殴。

三、正确处理恋爱带来的滋扰

在学生中恋爱的滋扰主要来自两方面：一是单恋者的纠缠，一方有情，另一方无意，有情者积极进攻穷追不舍；二是原来有恋爱关系，因某种原因，一方提出终止，另一方无法接受，因而苦苦纠缠。为摆脱这种求爱滋扰，应做到以下几方面。

（1）态度明朗。大学生如果并无恋爱打算，对于那种单恋的追求者，应明确拒绝；如果是正在恋爱中或曾经恋爱过的对象，大学生要冷静考虑，如果没有希望，就要明确告诉对方，让其打消念头。若是态度暧昧、模棱两可，会使对方产生幻想，也会给自身带来更多的麻烦。

（2）遵守恋爱道德，讲究文明礼貌。在拒绝对方的要求时，要讲道理，耐心说服；要尊重对方人格，不可挖苦嘲笑，更不能在别人面前揭露对方隐私。

（3）要正常相处，恋爱不成，但仍是同学、好朋友，不可结怨，更不能成为仇人、敌人。在交往中，最好要节制不必要的往来，以免对方产生"物是人非"的伤感，让对方尽快消除心理上的伤害。

（4）遇到困难，要寻求外界帮助。如果认为制止不了对方的纠缠，或者发现对方可能采取报复行为等，大学生要及时向老师和领导汇报，依靠组织妥善处理，防止发生意外事件。

相关链接：
因口角纠纷高校男生在宿舍遭舍友杀害

四、正当防卫及实施条件

（一）正当防卫的概念

我国刑法第二十条第一款规定，为了使国家、公共利益、本人或者他人的人身财产和其他权利免受正在进行的不法侵害，而采取的制止不法侵害的行为，对不法侵害人造成损害的，属于正当防卫，不负刑事责任。

（二）正当防卫的实施条件

1. 正当防卫的前提条件是必须存在不法侵害

一般来说，不法侵害是指违反法律规定、具有社会危害性并且带有较明显的紧迫性或攻击性的行为。如不法行为实施者已被公安人员拘留、逮捕或群众捉拿等，不能进行正当防卫。

2. 正当防卫的时间条件是必须针对正在进行的不法侵害

所谓正在进行的不法侵害，包括两层含义：一是指这种侵害是实际进行的，而不是主观想象的、推测的；二是指不法侵害是正在进行的，而不是尚未发生或已经结束的。如果凭借错误的想象和推测而事先防卫，则属于假想防卫；不法侵害已经结束，再对不法分子进行防卫，则属于事后防卫，是一种非法的报复行为，构成犯罪，应负刑事责任。

3. 正当防卫的对象条件是不法侵害者本人

正当防卫的目的是制止、排除正在进行的不法侵害，故只能对不法侵害者本人实施，而不能对其他人实施（如不法侵害人的亲属等）。另外，对共同实施不法侵害的，如现场的组织者、指挥者也可以实施正当防卫。防卫人在实施防卫的过程中如果给第三者造成损害，可以根据其主观有无罪过来确定其应否承担刑事责任。

4. 正当防卫的主观条件是正当的防卫意图

正当的防卫意图是指防卫人是为了保护国家、公共利益、本人或他人合法的人身、财产和其他权利免受不法侵害。正当防卫之所以是正义的，就在于它是为了保护这些合法利益，这是正当防卫的基本出发点，离开了这个基本出发点，正当防卫就不能成立。也就是说，为了保护非法利益而实行的防卫（如盗窃犯为了保护盗窃来的财物而实施的防卫），就不是正当防卫。

5. 正当防卫的限度条件是没有超过必要限度

所谓必要的限度，是指正当防卫以有效地制止不法侵害为限度。即只要这种防卫行为在当时的具体情况下是有效制止不法侵害所必需的，则不论其性质、手段、强度与后果是否和不法侵害行为相适应，都不能认为是超过了必要的限度。反之，如果防卫所采取的措施不是当时情况下所必需的，行为人应就其行为承担相应的责任。

由此可见，实施正当防卫必须同时符合以下四个条件：只有在国家公共利益、本人或他人合法权利受到不法侵害时；必须是在不法侵害正在进行时；必须是对不法侵害者本人实施防卫，而不能对无关的第三者实施；正当防卫不能超过必要的限度，造成不应有的损害。当准备进行防卫时，如果符合上述四个条件，大学生就不必担心自己是否会负刑事责任，而应积极勇敢地进行防卫。

 拓展阅读

正确使用正当防卫

正当防卫是法律赋予公民的神圣权利，大学生应牢记这个权利、善于运用这个权利，保卫国家、公共利益，保卫本人和他人的合法权利。正当防卫是公民同违法犯罪分子做斗争的一个法律武器，大学生应当掌握好这个武器。当遇到抢劫、盗窃、强奸、行凶、杀人、放火等违法犯罪行为时，就要善于运用正当防卫行为来维护合法权利。实施正当防卫行为后要及时向公安机关报告，主动配合公安执法人员打击犯罪行为。

现实生活当中，人们经常遇到这样的情况：双方打了架，后动手的一方总说自己是在正当防卫；学生打了架，家长参加调解的时候，也总是说自家的孩子后动手，是正当防卫！那么，双方打架后动手的一方真是正当防卫吗？

一般说来，打架还手的一方，不属于正当防卫！这是因为正当防卫的第一个条件是必须针对不法侵害行为，不法侵害行为包括有社会危害性的一般违法行为和犯罪行为，但主要是指犯罪行为，如杀人、强奸、抢劫、放火等，对这些行为，如果不果断采取防卫行动，使其停止非法侵害，将会对社会、对人身等造成重大危害。打架还手就不同了，甲动手打了乙，乙完全可以通过合法途径，比如报告老师或相关组织解决，没有必要一定要动手还击。动手还击引起互殴，不利于同学间的团结和校园秩序的稳定。所以，两人打架，不论何方被打致伤、致残，还手的一方一般不算正当防卫。如果因还手而使打架事态恶化，不论是先动手造成的还是后动手造成的，对方都要依法律负应有的责任。所以，避免打架是至关重要的。但如果遭到对方的非法暴力侵害，比如先动手的一方拿棍子或凶器施暴，你就应尽快躲开，脱离危险，并报告老师，但却不可以正当防卫为借口而还手打人，把事情闹大。

案例警示

案例1

小美与小玉是某艺术院校大三的学生，同在一个宿舍生活。入学不久，两个人成了形影不离的好朋友。小美活泼开朗，小玉性格内向，沉默寡言。随着相处时间的增长，小玉逐渐觉得自己像一只丑小鸭，而小美却像一位美丽的公主，心里很不是滋味。她认为小美处处都比自己强，把风头占尽，时常以冷眼对小美。大学三年级，小美参加了学院组织的服装设计大赛，并得了一等奖，小玉得知这一消息先是痛不欲生，而后妒火中烧，趁小美不在宿舍之机将小美的参赛作品撕成碎片，扔在小美的床上。小美发现后，不知道该怎样对待小玉，更想不通为什么自己要遭受这样的对待。

案例2

李某带未婚妻到酒店用餐，未婚妻被一伙儿流氓纠缠，李某跑去拨打110报警被流氓打倒在地，他在摔倒时右手无意中触到掉在地上的半只啤酒瓶，顺手摔出，正好砸在一流氓左眼上，致其眼球脱落，李某逃出酒店，流氓追到门外继续殴打李某，直到警察赶到。

法庭在审理时认定：（1）此事件是因流氓强行与李某未婚妻碰杯、灌酒，并提出交朋友的要求，在公开场合调戏其未婚妻，又采用暴力阻止李某报警引起，被伤害人应负事件的全部责任；（2）被伤害人使用暴力，打倒李某，阻止李某报警，在遭毒打时李某无意中摸到半只啤酒瓶，并顺手摔掷出去，击中被伤害人左眼，致其眼球脱落，属防卫过当，构成故意伤害致人重伤罪。依法可予减轻或免除处罚。

案例3

2015年的一天晚上，田某从同学家归来，路过一条偏僻的胡同时，从胡同口处跳出一个持刀青年黄某。黄某把刀逼向田某并让他交出钱和手表。

田某扭头就跑，结果跑进了死胡同，而黄某持刀紧随其后。害怕慌乱中，田某拿起墙角的一根木棒。向黄某挥去，黄某应声倒下。田某立即向派出所投案，后经查验，黄某已死亡。

根据《中华人民共和国刑法》第 20 条第 3 款规定：对正在进行的行凶、杀人、抢劫、强奸、绑架以及其他严重危及人身安全的暴力犯罪，采取防卫行为、造成不法侵害人死亡的，不属于防卫过当，不负刑事责任。本案中，田某对正在进行持刀抢劫的黄某采取防卫行为，将之打死，属于正当防卫。

第二节　预防性骚扰和性侵害

一般认为，只要是一方通过言语或形体进行有关性内容的侵犯或暗示，给另一方造成心理上的反感、压抑和恐慌的，都可构成性骚扰。性侵害，主要是指在性方面造成对受害人的伤害。性骚扰和性侵害是危害大学生身心健康的主要问题之一。由于两性的角色不同，性骚扰和性侵害的对象常以女性居多。因此，女大学生了解一些性骚扰和性侵害的基本情况，掌握一些基本应对方法，是很有必要的。

一、性骚扰和性侵害的主要形式

大学生遭遇性骚扰和性侵害主要表现在以下几个方面。

（一）暴力式性侵害

暴力式性侵害主要是指侵害主体采取暴力手段、语言恫吓或利用凶器，进行威胁，对女同学实施性侵害的行为。暴力侵害的主体比较复杂，如社会上的犯罪分子混入校园进行强奸，或混入女生宿舍或校园内偏僻处伺机作案；也有的是以抢劫、盗窃为目的，见有机可乘或因受害人处置不当而发展为强奸犯罪；还有的是因恋爱破裂或单相思，走向极端，发展为暴力强奸。暴力式性侵害对被侵害对象造成的伤害很大，甚至导致人身伤亡。

（二）流氓滋扰式性侵害

流氓滋扰式侵害主要是指社会上的流氓结伙闯入校园，寻衅滋事，或是某些品行不端正人员在变态心理的驱使下，对女同学进行的各种性骚扰。这些人对女同学的侵害方式，多为用下流语言调戏，以推拉撞摸占便宜，往身上扔烟头，做下流动作等。如在夜间，女同学孤立无援，或处置不当等情况下，也可能发展为暴力强奸或轮奸。

（三）胁迫式性侵害

胁迫式性侵害主要是指某些心术不正者，利用受害人有求于己的处境，或抓住受害人的个人隐私、某些过错等把柄，进行要挟、胁迫，使其就范。

（四）诱惑式性侵害

常见的诱惑式性侵害，表现为侵害者利用受害人追求享受、贪图钱财，或者意志薄弱、作风轻浮等个人特点，制造各种机会引诱受害人，对其进行性侵害。

（五）社交式性侵害

社交式性侵害也叫"熟人强奸""沉默强奸"等，受害人的相识者，利用或制造机会把正常的社交引向性犯罪。由于社交性侵害的主体大多是熟人，受害人碍于面子、舆论、社会影响等各种原因而不敢直面现实。

相关链接：
地铁高危地带防范性骚扰

二、容易遭受性骚扰和性侵害的主要时间与场所

夏天天气炎热，夜生活时间延长，外出机会增多，是女性容易遭受性侵害的季节。夏天校园内绿树成荫，罪犯作案后容易藏身或逃脱。同时，由于夏季气温比较高，女生衣着单薄，裸露部分较多，因而对异性的刺激增多。

夜晚是女性容易遭受性侵害的时间。这是因为夜间光线暗，犯罪分子作案时不容易被人发现。所以，在夜间女性应尽量减少外出。

公共场所和僻静处所是女性容易遭受性侵害的地方。公共场所如教室、礼堂、舞池、溜冰场、游泳池、车站、码头、影院、宿舍、实验室等场所都可能是不法分子实施性骚扰或性侵害的理想

图 2-2　性骚扰

地点。僻静之处如公园假山、树林深处、狭道小巷、楼顶晒台、没有路灯的街道楼边、尚未交付使用的新建筑内、下班后的电梯内、无人居住的小屋、陋室、茅棚等，若女生经过或进入这些地方，因人员稀少，极易遭受性侵害。

三、积极防范性骚扰和性侵害

（一）筑起思想防线，提高识别能力

女大学生特别应当消除贪图小便宜的心理，对一般异性的馈赠和邀请应婉言拒绝，以免因小失大。谨慎待人处事，对于不相识的异性，女大学生不要随便说出自己的真实情况，对自己特别热情的异性，不管是否相识都要倍加注意。一旦发现某

异性对自己不怀好意，甚至动手动脚或有越轨行为，一定要严厉拒绝、大胆反抗，并及时向学校有关领导和保卫部门报告，以便对其不法行为及时加以制止。

（二）行为端正，态度明朗

如果自己行为端正，坏人便无机可乘。如果自己态度明朗，对方则会打消念头，不再有任何企图。若自己态度暧昧、模棱两可，对方就会有所幻想、继续纠缠。在拒绝对方的要求时，要讲明道理、耐心说服，一般不宜嘲笑挖苦。

终止恋爱关系后，若对方仍然是同学、同事，不能结怨或成为仇人，在节制不必要往来的同时仍可保持一般正常往来关系。参加社交活动与男性单独相处时，要理智、有节制地把握好自己，尤其应注意不能过量饮酒。

（三）学会用法律保护自己

对于那些失去理智、纠缠不清的无赖或违法犯罪分子，女大学生千万不要惧怕他们的要挟和讹诈，也不要怕他们打击报复；要大胆揭发其阴谋或罪行，及时向领导和老师报告，学会依靠组织和运用法律武器保护自己。千万注意不能"私了"，"私了"常会使犯罪分子得寸进尺、没完没了。

（四）学点防身术，自我防范更有效

一般女性的体力均弱于男性，防身时要把握时机、出奇制胜，狠、准、快地打击其要害部位，即使不能制服对方，也可制造逃离险境的机会。人的身体各部位都可用来进行自卫反击，头的前部和后部可用来顶撞，拳头、手指可进行攻击，肘朝背后猛击是最强有力的反抗，用膝盖对脸和腹股沟猛击相当有效果，用脚前掌飞快踢对方胫骨、膝盖和阴部非常有效。同时，要注意设法在案犯身上留下印记或痕迹，以备追查、辨认案犯时做证据。

（五）加强出行的安全防范

夜间行走要保持警惕，要走灯光明亮、往来行人较多的大道。在路边黑暗处行走要有戒备，最好结伴而行，不要单独行走。遇有陌生男人问路，不要给他带路，向陌生男人问路，不要让他带路。不要穿过分暴露的服饰，不要搭乘陌生人的机动车，在正规平台搭乘网约车。一旦不幸遭受侵害，不要丧失信心，要振作精神，鼓起勇气同犯罪分子作斗争。要尽量记住犯罪分子的外貌特征，如面貌、体型、语言、服饰以及特殊标记等。要及时向公安机关报告，提供证据和线索，协助公安保卫部门侦查破案。

四、女大学生宿舍的安全防范

（一）经常检查门窗

如发现门窗损坏，及时报告有关部门修理。就寝前，要关好门窗，在天热时

也不能例外，特别是住在一楼的女生，就寝时一定要关好门窗，拉好窗帘，防止他人偷看和进入作案。在校外租房的女生尽量保证两人以上，随时关门，不要让陌生人进入室内。

（二）留心宿舍外的人员

女生宿舍内不要留宿异性，尽量避免单独和男子到宿舍会面。如有人敲门，要问清是谁再开门。如发现有人想撬门砸窗闯进来，一方面积极寻求救助，一方面准备可供搏斗的器械，做好反抗的准备。节假日期间，其他同学回家，最好不要独自一人住宿。回宿舍就寝时，要留心门窗是否敞开，防止有犯罪分子潜伏待机作案。如遇异常情况，可请一二位同学同时进去，以确保安全。

（三）加强防范意识

住集体宿舍的女生，夜间上厕所，要格外小心。如厕所照明设备已坏，应带上手电筒，上厕所前先仔细查看一下。有的犯罪嫌疑人事先躲藏在厕所里，利用女同学上厕所时伺机偷窥，甚至猥亵或强奸。无论一人或多人在宿舍，当犯罪分子来侵害时，都要保持冷静，做到临危不惧，遇事而不乱。一方面求救，另一方面与犯罪分子作机智而坚决的斗争。

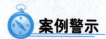 **案例警示**

案例1

王某系在校女大学生，与前男友牛某分手后，牛某仍对其纠缠、骚扰，稍不如意便殴打王某，特别是王某找了新男友后，牛某更是变本加厉。2013年4月20日，为了躲避牛某，王某决定同新男友一起去福建，但不知何故被牛某知晓。当日上午7时许，牛某将王某挟持至旅馆进行殴打，并连续强奸其3次。中午12时许，牛某在王某的再三恳求下去买避孕药，为了防止王某逃跑，牛某带走了王某的衣服、手机、钱包等物，王某裸身出来，向隔壁房间的客人借手机报警才得以获救。2013年9月，江西省某法院一审判决被告人牛某犯强奸罪，判处其有期徒刑4年。

案例2

湖北某大学计算机系学生郭某、钟某伙同桂林某高校学生王某、曾某四个大学生，在一个深夜以喝酒、兜风为由残忍地将一名少女多次轮奸。为此他们也付出了沉重的代价，广西桂林市七星区人民法院对他们做出一审判决，以强奸罪分别判处郭某、王某、曾某、钟某有期徒刑13年、12年、12年、8年。

案例 3

吉林省某高校一名女大学生独自去野外春游，被一男子以帮助其搬运物品为名，骗至偏僻处强奸。该女生身心受到巨大伤害。

案例 4

某大学的一位女生，其男友给她的一封信被人偷去，此信中谈到了她与男友发生性关系时的情景。偷信人找到该女生要与其发生性关系，女生不允，此人则扬言："如果你不同意，我就把信交给你的领导，那时你要受到开除的处分，永远见不得人"。在这种要挟和恐吓下，女生不敢反抗，多次受到奸污。

案例 5

某大学一位女学生，在校外餐馆见到一个体商贩，该人穿着入时，花钱阔绰，外貌不俗，几句对话，便交上了朋友。从此课余经常约会，逛商场，去歌厅，该商贩为女生买过许多衣物、首饰等。一次外出郊游，该商贩将女生领到僻静处，在女生毫无思想准备的情况下，使用暴力将其强奸。

案例 6

某女大学生王某的高中同学来看她，在食堂吃饭时，她的同学认识该校的一名男同学于某，吃饭时，于某提出喝点酒，王某不慎喝醉，于某以送王某回宿舍为名，打车将王某带到一旅店，王某在醉酒状态下，被于某强行奸污。

案例 7

某高校一男学生张某对一女生郑某说"你的裸照被别人放网上了"，郑某不相信，张某说"你可以到我的微机上去看看"，郑某没加思索就跟到张某的住处，张某乘机要与郑某发生关系，郑某极力反抗，才得以脱身。

案例 8

武汉市文保公安分局一举侦破了以请"家教"为名对女大学生强奸的系列案件。犯罪嫌疑人王某以请"家教"为名，将在街路两侧寻找"家教"工作的女大学生骗至偏僻处强奸，先后作案 4 起，给女大学生心理造成了极大伤害，在社会上产生了极坏的影响。

案例 9

某高校女生张某一人去学生会办公室学习途中，遭遇社会青年齐某尾随，当齐某确认办公室没有其他人后，马上用随身带的手绢蒙面，手持啤酒瓶闯入室内，将正在学习的张某按住，威胁"把钱拿出来，别出声，出声整死你！"张某慌忙将书包中仅有的十几元现金交给齐某，齐某见势遂生歹意，将张某摁倒在地，并解下张某的鞋带欲捆住张某，张某见状乘其不备，夺下啤酒瓶砸在齐某头部，并大声呼救。齐某受伤慌忙逃跑。案发后，张某及时到学校保卫部门报案，并为公安机关提供线索和证据，一个月后，齐某被抓获归案，处以有期徒刑三年。

第三节　公共卫生安全

公共卫生包括食品卫生、医疗卫生、劳动卫生、环境卫生等多个领域。近年来，毒豆芽事件、苏丹红事件、双汇瘦肉精事件、H7N9 型禽流感等大型突发公共卫生事件的频频暴发，极易使大学生产生恐惧、焦虑、紧张等负面情绪，从而给高校公共卫生安全工作带来巨大压力。因此，让大学生了解一些在校学习、生活或社会中可能存在的卫生安全知识尤为必要，这将有助于提高大学生健康积极地应对突发公共卫生事件的能力，从而为大学生的健康成长与生命安全保驾护航。

一、食物中毒的预防

（一）食物中毒后人体的反应

当人误食有毒食物后，一般会出现以下几种反应。

（1）发病过程急骤，呈急性暴发，潜伏期短而生病集中，一般在 24～48 小时以内发病。集体暴发食物中毒时，有很多人在短时间内同时发病或食后相继发病。

（2）患者有共同的食物史。发病与食用有毒食物有明显的因果关系，患者在相近的时间内都吃过一种或几种有毒食物，发病范围局限于食用该种有毒食物的人群中。未进食这种食物的人不发病，停止食用这种有毒食物后，发病很快就会停止。

图 2 - 3　食物中毒处理

（3）症状相似。所有患者的临床表现基本相似，多见急性胃炎症状，如恶心、呕吐、腹疼、腹泻等，所以一般胃肠道症状是食物中毒的早期症状。

（4）不传染、无余波。没有人与人之间的直接和链锁传染，所以发病曲线常于发病后呈急剧上升又迅速下降的趋势，无传染病所具有的拖尾余波。

以上特点，在集体暴发性食物中毒时比较明显，而散发性病例易被忽略。

（二）如何防止食物中毒

要防止食物中毒，应该在日常生活中注意以下问题。

（1）个人要养成良好的卫生习惯，如饭前、便后要洗手，外出不便洗手时一定要用酒精棉或消毒餐巾擦手。

（2）餐具要卫生，每个人要有自己的专用餐具，饭后将餐具洗干净存放在一个干净的塑料袋内或纱布袋内。

（3）饮食要卫生，生吃的蔬菜、瓜果之类的食物一定要洗净。不要吃隔夜变味的饭菜。不要食用腐烂变质的食物和病死的禽、畜肉。剩饭剩菜食用前一定要热透。

（4）生、熟食品要分开，切过生食的刀和案板一定不能再切熟食，接触过生肉的手一定要洗净再去拿熟肉，避免生熟食品交叉污染。

（5）对不熟悉的野生动物不要随意猎捕食用。海蜇等产品宜用饱和食盐水浸泡保存，食用前应冲洗干净。扁豆一定要焖熟后食用。

（6）服用药品时一定要遵照医嘱服用，切不可超剂量服用，以免造成药物中毒。不同药物同时服用要遵医嘱，避免产生副作用。敌敌畏、杀虫剂和灭鼠药等不能与食物放在一起。

 相关链接：
食品安全宣传片

二、控制饮酒

（一）过量饮酒会给身体造成很大的伤害

酒是一种能够刺激和麻痹神经系统的物质。酒精过量，会不同程度地造成心率加快、神经麻木、神志不清、自控能力减弱、动作不协调，或出现疲劳、恶心、呕吐，严重者还会出现酒精中毒现象。

醉酒后，由于神志不清、身不由己，一种原始的冲动使人变得野蛮、愚昧、粗暴，异常的兴奋，又能诱导人为所欲为，出现迷离恍惚而又扬扬自得的举止。人在此种失去理智的状态下很容易对周围的人破口谩骂、动手殴打，看什么都不顺心或者从事一些莫名其妙、超出常规的破坏活动。

经常喝酒会导致学业荒废，很难想象一个酗酒的人还能潜心钻研学问。醉酒的程度同智力恢复所需的时间大致成正比，在当今知识飞速更新的信息化时代，不难推算出，一个经常醉酒的人在工作和学习上的损失到底有多大。

醉酒后，精神处于高度亢奋状态，稍许的刺激都可能导致惹是生非。醉酒的人动辄摔倒、撞伤，酒后开车酿成大祸的事件比比皆是；酒后溺水身亡、自食恶果之类的悲剧不乏其例；酒后打架斗殴、寻衅滋事、伤害他人过铁窗生活的屡见不鲜，惨痛教训极为深刻。为此，我国有关法律规定，醉酒的人违法犯罪，应负相应的法律责任。

（二）错误的饮酒观念

引起人们酗酒的原因是多方面的，但对于一个大学生来说，要特别注意克服这些糊涂观念和错误做法："今朝有酒今朝醉""借酒消愁"。这里表现的实质是逃避现实、自暴自弃的消极情绪。"药能医假病，酒不解真愁"；自命风流高雅，试图借酒引发冲动，产生某种"灵感"，到头来"灵感"未寻到，自身却烂醉如泥，而失去正常理智；片面理解"酒逢知己千杯少"，以为交朋结友离不开饮酒作乐。事实上很多例子说明"酒肉朋友"未必靠得住；错误地认为"男子汉天生应当会喝酒"。其实，用这种标准来衡量"男子汉"未免失之偏颇。为达到其某种目的而特地设酒摆宴，饮酒为名，交易是实；逢场作戏，为"助兴"而即席端杯，或出于好奇而涉足，这种人最容易成为被摆弄的对象；故意饮酒滋事，耍酒疯，实则是出于报复和宣泄的目的以歪就歪装糊涂，用酒状掩盖其自身不正当的言行；硬着头皮充好汉，在酒桌上"舍命陪君子"，"为知己即便是敌敌畏也喝下去，一醉方休"。这种人总想博得他人的诚服，而最终往往授人以笑柄。不乏陈腐观念和陈规陋习，有些则是嗜酒者的自欺欺人的贪杯"口实"。"为何而饮""为谁而饮""事出哪桩""今朝饮酒又是为哪番"？这些应该引起大学生的深思。

（三）控制饮酒，预防酗酒

国家教育行政部门明文规定，校园里不准经营烈性酒，学生守则也有严禁酗酒的规定。大学生应该认识到酗酒的危害性。面对饮酒做到以下方面。

1. 不要把不会喝酒当作一种遗憾

要做到始终如一地禁酒，最难过的关是亲朋相聚、朋友相约的场合。不要被那些"今天难得一聚""不同寻常的聚会"等之类的言语所打动，这时最好要注意开席即声明自己不会喝酒，谢绝要有礼貌，但态度要坚决，不要给人以"在讲客气"的错觉；主动倒上一杯饮料或茶水作陪；不喝酒是一种权力，态度要大方得体。

2. 饮酒要节制和适度

无论自斟自饮还是群饮，都不要忘记"节制""适度"，同时要注意几个细节问题：

（1）饮酒之前先吃点东西，空腹饮酒是最容易醉倒的。

（2）"干杯"，本是礼节性辞令，演化到"一饮而尽"，实属一种错觉。要尽量避免"干杯"，低斟浅饮并不失风雅。

（3）记住自己的酒量，量力而行，适可而止。

（4）喝酒已感到不适，或产生反应时，联想一下自己和他人醉酒时难看的情景。

3. 酗酒和醉酒过程

多人在一起喝酒，最容易发生酗酒和醉酒的现象，醉酒往往有一个过程，酒多话也多，从语言上看，大体经历如下四个阶段，饮酒者要注意掌握。

（1）真言快语。相互之间，好言劝酒，不时也有怀抱某种目的，选中某个特定对象甜言蜜语集中相劝的。

（2）豪言壮语。酒过数巡，有了几分醉意，往往出言不逊，漫天夸海口，大话不绝于耳。有此征兆，最明智的选择就是停止继续饮酒。

（3）胡言乱语。当酒量过度，不胜酒力者，酒性开始发作，神志不清，思维紊乱，语无伦次，断断续续，似真非真，似假非假。然而，无休止"再干最后一杯"的情景，恰巧在这个时候最容易出现，此时的鼓动行为无异于落井下石。

（4）不言不语，这是醉酒后无可奈何、身不由己的一种表现形式，情况严重的，必须采取治疗救护措施。

应该指出的是，一个真诚的人是不忍看到自己的同窗好友酒后出洋相的。同学、朋友之间应该相互关照，知己知彼，当止则止，己所不欲，勿施于人，以免失节、失当、失度，产生不应有的后果。

三、就医安全

随着人们物质生活水平及对健康的品质要求的提高，安全就医用药也成为人们关注的热点问题。作为在校大学生，往往缺少各种医药常识，导致一些安全问题。就医安全需要注意以下几点。

（一）看证件，选择合法医疗机构

就医要到正规的医疗机构，不应贪图方便和便宜到一些无证私人诊所看病治疗。合法医疗机构是指经各级卫生行政部门批准设立并进行登记注册，领取了由卫生行政部门核发的《医疗机构执业许可证》的机构。患者就诊前应留意医疗机构是否在醒目位置悬挂了《医疗机构执业许可证》，注意证件是否过期，并仔细查看证件上标注的允许开展的诊疗科目。不要到无证或超范围的诊疗机构看病。

（二）防医托，当心温柔陷阱

千万不要轻信车站、大医院门口的医托。医托往往会假装热情地列举一大堆"实际"例子，用花言巧语向患者极力推荐某医疗机构或某位特定的医生。专家提醒，就医前要选择好就医的单位，直接到正规的医疗机构就医问药。如对医疗机构及其医务人员的执业资格有怀疑，可拨打市、区卫生局医政科的电话进行咨询。

（三）要注意，保存好医疗凭证

患者就医后要妥善保存相关医疗凭证，包括门诊病历、各种检查和化验报告、收费票据等。一旦自己的权益受到侵害，可凭这些凭证通过相关途径维护自己的合法权益。

有些医疗机构拒绝向患者提供以上凭证，患者应积极索取，并及时向卫生监督部门举报。

（四）防上当，留心街头义诊

按照相关规定，组织义诊活动的主体必须是合法的医疗机构，义诊活动要在批准的时间、地点开展，参加义诊的医务人员应佩戴医疗机构统一印制的胸卡，且在义诊活动中不允许有销售、推销等行为存在。

对在街头或居民区开展流动性免费量血压、诊断心脑血管病等疾病的流动性医务人员，要留意其是否为了推销产品，并注意鉴别其是否有行医执照，谨防上当。

（五）要细心，辨别真假医疗广告

正确辨别医疗广告，切勿轻信无证、违规医疗广告宣传。按照有关规定，发布医疗广告的主体必须是正规医疗机构，没有取得《医疗机构执业许可证》的单位一律不得发布医疗广告。此外，在发布广告内容的同时，还要刊登出医疗广告的批准文号，并且不得有保证治愈或者隐含保证治愈的内容。

四、校园突发公共卫生事件的防范及应对

（一）公共卫生事件的防范

大学生可以通过以下措施来预防公共卫生事件。

（1）平时加强体育锻炼，避免过度劳累，做到不吸烟、勤洗手、注意个人卫生等。

（2）注意保持室内清洁、空气流通，注意饮食卫生，养成良好的卫生习惯。

（3）了解相关的知识，提高防范意识。

（二）公共卫生事件的应对

第一，在突发公共卫生事件发生时，要妥善应对，尽可能全面了解有关的信息，做到心中有数。可以通过网络、报纸以及学校发放的宣传资料来了解某些疾病可能的传播途径、最典型的特征、基本的预防方法、遇到感染者该如何处理、

在什么情况下该怎么做等，从而最大限度地保证自己的安全。

第二，如果出现传染性疾病，自己要注意远离传染源，尽量避免在商场、影剧院等通风不畅和人员密集的地方长时间停留。

第三，在自己周围发生突发公共卫生事件后，应保持积极的心态，充分发挥自己的主观能动性，不要恐慌，要保持情绪稳定，积极配合，冷静面对。

相关链接：
突发公共卫生事件

 案例警示

案例 1

2014 年 11 月 16 日 15 时 30 分左右，贵州某高校医院接诊 5 名学生，症状为恶心、呕吐、胃疼、头晕等。据就诊学生描述，他们均是食用了学校西门某名为"烤肉米饭"饭店的上门外卖后，出现上述症状的。校医院接诊医生第一时间上报学校，并联系 120 救护车，将学生送往就近的三甲医院。随后，该校先后有 24 名出现相同症状的学生被送往该医院留院治疗。

案例 2

2014 年 10 月 14 日，某校众多师生在学校食堂就餐后 3 小时内陆续出现头晕、呕吐及肠胃不适等不良反应，有上百名中毒者被送往医院就诊。经初步认定，这起群体性食物中毒事件的"祸首"是学校食堂午餐中未煮熟的豆角，中毒者症状以腹痛、恶心、呕吐为主，出现不良反应的师生症状有轻有重，一些严重者呕吐次数超过 20 次。经医院治疗，中毒师生均没有生命危险。中毒事件发生后，市政府紧急启动了突发事件处置预案，全力组织卫生、教育等部门救治中毒者。另外，卫生监督部门也对中毒事件展开调查。

案例 3

2003 年 1 月 16 日，世界卫生组织宣布，发现一种新型冠状病毒是 SARS 的病原，并将其命名为 SARS 冠状病毒。该病毒很可能来源于动物，由于外界环境的改变和病毒适应性的增加而跨越种系屏障传染给人类，并实现了人与人之间的传播。中国简称 SARS 为"非典"。

世界拉响了红色警报。

天降非典以惩罚人类，也降大任于一个特殊群体——医务工作者挽救人类。抗击非典和平时期最严峻的考验，"白衣天使"瞬间成为白衣战士。非典初期的近乎于"赤膊上阵"到防化兵一样全身披挂着一层又一层沉重的防护服。抢救生命不离不弃，艰苦卓绝，力挽狂澜。他们用生命和爱谱写出悲壮的颂歌，滑过天宇，撼动苍穹。他们的英雄壮举及献身精神，载入2003年的历史，植入人类的历史记忆。

非典以人们惊恐的速度及难以承受的心理传播蔓延。没有硝烟炮火，不见"敌人"踪迹。非典狙击战就在医护人员冒着随时倒下的危险中抢救生命、阻断传染。与死亡零距离接触的战争比军事战争更为恐怖。

在患者眼里，医护人员如太空人一样披挂，而这三层的隔离衣及20多层口罩穿戴在医护人员身上，不少人虚脱，为了减少脱衣穿衣的次数尽可能不喝水，还有随时都有可能遇到病人服药或其他心理因素导致的躁狂情绪出现的非理性行为。这意味着医护人员不仅要全力以赴地挽救患者生命，除了非典的威胁，长时间工作带来身心的疲惫，还要面临来自患者的威胁；还有抗非典初期不被社会所理解：人们视他们如病毒，躲着他们的家属，拒绝他们的孩子入园。为了抗击非典，他们承受了太多太多……2003年，医务工作者这个英雄群体，临危受命，不屈不挠。以他们的真诚、信念、勇敢、奉献，传递着人间大爱，用身体为他人的生命筑起绿色屏障，他们，感动世界；他们，可歌可泣。

案例4

2013年4月11日，上海市公安局文化保卫分局接到复旦大学保卫处报案，复旦大学枫林校区2010级硕士研究生黄某自4月1日饮用了寝室内饮水机中的水后出现身体不适，有中毒迹象。4月12日，涉嫌投毒杀害室友的犯罪嫌疑人林某被警方依法刑事拘留。经警方初步查明，林某因生活琐事与黄某关系不和，心存不满，经事先预谋，3月31日中午，将其做实验后剩余并存放在实验室内的剧毒化合物带至寝室，注入饮水机槽。4月1日上午，黄某饮用饮水机中的水后出现中毒症状，后经医院救治无效，于4月16日去世。涉嫌投毒的犯罪嫌疑人恰恰是被害人宿舍的同学林某。4月25日，黄浦区检察院以涉嫌故意杀人罪对林某批准逮捕。

第三章

交通出行安全

　　现代交通在给人们带来高效和便捷的同时，也带来了无数危及生命和财产安全的交通事故。大学生作为一个重要的社会群体也不可避免地会受到交通事故的伤害。由此，加强高校交通安全的超前性及时代性管理尤为重要，树立交通安全意识、培养遵守交通规则的好习惯，从而避免遭受交通事故的伤害，成为大学生安全教育的重要组成部分，也是校园安全保卫工作的重中之重。

第一节　交通事故的预防

交通安全是指不发生交通事故或少发生交通事故的主观条件，即交通参与者要严格遵守交通法规，提高警惕，不因麻痹大意而发生交通事故。大学生交通安全是指大学生在校园内和校园外的道路上严格遵守《中华人民共和国道路交通安全法》和其他道路交通法规，在行走、乘坐交通工具时的人身安全。只要有行人、车辆、道路这三个交通安全要素存在，就有交通安全问题，这就要求大学生掌握一定的交通安全知识，增强交通安全意识，避免交通违章，减少交通事故的发生。

一、大学生易发交通事故的类型

随着高校与社会的交流越来越频繁，校园内人流量、车流量急剧增加。高校教师私家车的拥有量正逐年增加，学生开汽车上学也已不再是新闻。校园道路建设、校园交通管理滞后于高校的发展。一般校园道路都比较狭窄，交叉路口没有信号灯管制，也没有专职交通管理人员管理；校园内人员居住集中，上、下课时容易形成人流高峰等，致使高校的交通环境日益复杂，交通事故经常发生。从学生行为角度总结高校校园常见的交通事故类型，大致分为以下几种。

(一)思想不重视，安全意识淡薄引起的交通事故

许多大学生特别是新生离开父母和相对封闭的学习环境不久，缺乏交通安全知识和应对复杂交通环境的经验，对交通安全的重要性认识不足，少数学生思想上容易形成在校园内骑车或行走，无论什么场合都应该车让人的错误认识，于是不管在校园道路上行走还是横穿马路时，往往因为目中无车而导致交通事故的发生。

(二)在道路上打闹、不专心造成的交通事故

大学生年轻、活泼、好动，在道路上结伴同行时，有时喜欢推推打打，甚至相互追逐，一旦突然遇到来车会因处置不及而发生交通事故。有些大学生喜欢在行走时戴着耳机边走边听音乐（或学习外语），由于听力对外界的反应明显减弱，精力全部集中在音乐上，对身后来车无法及时察觉，因此极易引发交通事故。

图 3-1　道路上嬉戏打闹易发生交通事故

（三）在校园道路上进行体育活动造成的交通事故

大学生精力旺盛，多数学生喜欢体育活动，虽然运动可以锻炼身体、增强体质，但也有少数学生不顾交通安全，在人来车往的道路上踢足球、玩篮球、打羽毛球等，由于在打球的过程中，精力全部集中在自身活动中，对身边的其他事物视而不见，遇到车时往往因躲闪不及而发生交通事故。

（四）骑自行车车速过快，下陡坡冲坡造成的交通事故

高校教育改革后，一般校园面积都比较大，为了学习方便，许多大学生都购买了自行车，但有些学生喜欢骑快车、骑"飞车"，有时甚至与机动车比速度。除此之外，骑车带人、冲坡，甚至不握手把的现象也很常见，这些都是交通安全的严重隐患，此类事故是以往最为常见的校园交通事故之一。

（五）不走人行道造成的交通事故

有些学生总是认为，校园的主体是学生，在校园道路上，无论是人行道，还是车行道，学生都应受到保护。因此，少数学生往往有人行道不走，偏偏要与机动车争道、抢行。由于校园机动车道普遍比较狭窄，因此，在机动车道上行走，尤其是夜间在机动车道上行走，与机动车发生碰撞的概率增大，发生交通事故也就在所难免。

（六）横穿马路造成的交通事故

随着进入高校校园的机动车辆逐年增多，一些校园主、次干道的车流量越来越大，而校园的主教学楼、学生区一般都建在交通比较便利的主、次干道附近，遇上课、下课时容易形成人流、车流高峰，此时有些学生横过马路不按"一看、二等、三通过"的基本方法行事，强行横穿马路，从而导致交通事故的发生。

（七）无证驾驶导致的交通事故

为了方便学习和出校办事，少数学生违反交通法规和校园交通管理的有关规定，私自购买无牌照旧摩托车，且在未取得合法驾驶证的情况下，违法驾驶摩托车上路，而此类摩托车均未经检验，安全性能差，加之无证驾驶，驾驶技术不过关，少数车主甚至还驾驶无牌照大功率摩托车在校园内飙车，其后果是不但造成对自己的伤害，也严重威胁他人的人身安全。近几年，高校校园摩托车交通肇事的案例时有发生，是校园交通事故比较多见的类型之一。

相关链接：
《中华人民共和国道路交通安全法》解读

二、遵守交通规则，预防事故发生

交通事故的发生，必然给大学生的生命财产带来无法弥补的损失。避免和减少交通事故的发生，关键在于提高安全意识，遵守交通规则，这对每一个大学生都具有十分重要的现实意义。

（一）行人安全

在步行时，大学生应注意以下几点。

（1）步行应当在人行道内行走，没有人行道的地方靠路边行走。

（2）雾天、阴雨天行路时要格外小心，最好穿颜色鲜艳的衣服或雨衣。夜间行走时最好准备一个手电筒用于照明。

（3）步行通过路口或者横穿道路，应走人行横道或者过街设施。通过有交通信号灯的人行横道，应按交通信号灯指示通行。通过没有交通信号灯、人行横道的路口，或者在没有过街设施的路段横穿道路时，应在确认安全后通过。

（4）穿越马路时要走直线，不可迂回穿行，不要突然横穿马路，特别是马路对面有熟人、朋友呼唤，或者自己要乘坐的公共汽车已经进站时，千万不要贸然行事，以免发生意外。

（5）通过铁路道口时，应按交通信号或者管理人员的指挥通行。没有交通信号和管理人员的，应在确认无火车驶近后迅速通过。

（6）在马路上不要边走路边看书，边走路边听音乐，要注意观察来往车辆，不在马路上玩游戏、踢球、溜冰或追逐打闹。

（7）不得跨越、倚坐道路隔离设施，不得有扒车、强行挡车等妨碍交通安全的行为。

（8）不要进入高速公路行走。

（二）骑非机动车安全

大学生在骑行时，应注意以下几点。

（1）熟练掌握骑车技术以后才能到马路上骑车。

（2）骑非机动车时，应当在非机动车道内行驶。在没有非机动车道的道路上，应当靠行车道的右侧行驶，在非机动车道内行驶时，最高时速不得超过15公里。

（3）不要骑安全部件（如车闸）失效的自行车、摩托车或电动车。出行前要先检查一下车辆的铃、闸等部件是否齐全有效，确保没有问题方可上路。

（4）骑车通过有红绿灯的交叉路口，要遵守交通信号。不能贪图方便取近道。晚上骑车应慢行。

（5）骑车时，不能双手离把，不准手中提物，不准曲线骑行，不准猛拐，不攀扶拖拉机等机动车。骑车时避免两人以上并行，不能互相追逐打闹。骑车转弯前应减速慢行，在确保安全后，伸手示意通过，不要强行猛拐，不做危险动作。

（6）千万不能进入高速公路骑车。

（三）乘车安全

大学生在乘坐汽车、火车等机动车时应注意以下几点。

（1）乘车时，须在站台或指定地点依次候车，待车停稳后，先下后上；在道路上搭乘机动车，应当从车身右侧上车；不得强行上下或者攀爬行驶中的车辆，乘车时注意文明礼貌，谦和文雅，自觉购票，不失风度，避免因上下车拥挤等事与他人发生争吵、摩擦。

（2）不在行车道上或交叉路口处招呼出租汽车，应当在非交叉路口处的行人道上招呼出租车。

（3）不乘坐"黑车"。"黑车"的驾驶员在驾驶时，既要观察路边是否有乘客，又要观察是否有交警或行政执法大队、运管处工作人员，导致较多的不稳定因素出现，潜在的危险性很大。

（4）不携带易燃、易爆等危险物品乘车。

（5）不要在车上嬉戏，影响驾驶员安全驾驶。

（6）机动车行驶中，乘车人不能将身体任何部位伸出车外，不能跳车。

（7）乘坐货运机车时，不站立，不坐在车厢、栏板上。

（8）车辆行驶中不与驾驶员闲谈，不做妨碍驾驶员安全操作的行为。

（9）车辆在高速公路行驶中，乘车人不得站立，不随便向车外抛弃物品，前排乘车人应系安全带。

（10）高速公路上，车辆因故障不能离开车道或者发生交通事故时，乘车人必须迅速转移到右侧路边上。除执行任务的交通警察外，禁止任何人在高速公路上拦截车辆。

（四）乘船安全

大学生在乘船时应注意以下几点。

（1）不要搭乘吃水线明显低于水位或乘客拥挤的超载船只，不要坐缺乏救护设施、无证经营的小船。

（2）不携带危险品上船。不仅自己不夹带危险物品上船，还应主动配合站埠人员做好对危险物品的查堵工作。若发现有人将危险物品带上船只，应督促其交给管理人员作妥善处理。

（3）不管水性好坏，出发前最好在行囊中预备一个便携式气枕或者充气式救生圈。尤其是携带儿童出游，登船后第一件事就是留意观察船上备用的救生衣

（具）存放位置，以及救生艇、救生筏存放的位置，要熟悉和了解船上的各通道、出入口处以及通往甲板的最近逃生口，以便在紧急情况下能迅速地离开危险的地方。发现船超载要保持警惕，尤其是船体剧烈颠簸时，要高度戒备，换上轻装，将重要财物随身携带。

（4）上下船时，一定要等船靠稳，待工作人员安置好上下船的跳板后再行动；排队时按次序进行，不得拥挤、争抢，以免造成挤伤、落水等事故；上船后要听从管理人员的安排，并根据指示牌寻找自己的座位；不随意攀爬船杆，不跨越船挡，以免发生意外。

（5）客船航行时，不在船头、甲板等地打闹、追逐，以防落水；摄影时，不要紧靠船边，也不要站在甲板边缘向下看波浪，以防晕眩或失足落水；观景时切莫一窝蜂地拥向船的一侧，以防引起船体倾斜，发生意外。

（6）夜间航行，不要用手电筒向水面、岸边乱照，以免引起误会或使驾驶员产生错觉而发生危险。

（7）天气恶劣时，如遇大风、大浪、浓雾等，应尽量避免乘船。

（8）船上的许多设备都与保证安全有关，不要乱动，以免影响正常航行。

（9）若在航行途中遇到大雾、大风等恶劣天气临时停泊，要静心等待，不要让船员冒险开航，以免发生事故。

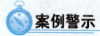 **案例警示**

案例1

2012 年 10 月 15 日晚上 9 时许，江苏常州某高校的两名大四女生在横穿校门口的马路时，未走地下过街通道，被过往车辆撞击身亡，付出了生命的代价。

案例2

2013 年 6 月 5 日中午 12 时许，南京某大学竹园餐厅附近，该校校车把一个穿白色衣服的男生撞倒。该男生从茶苑方向往篮球场方向走，头戴耳机，看着手机，不注意身边的情况；校车车速也偏快。事故中校车挡风玻璃被撞凹陷并大面积裂开，男生右手胳膊擦伤严重，手机被撞出摔碎。

案例3

2013 年 6 月，某大学城一高校 6 名大学生乘坐一辆无牌证的私人面包车外出，途中发生车祸，造成 4 人重伤、2 人轻伤。车祸发生后司机逃逸，受伤大学生未得到应有的赔偿。

第二节　交通安全常识和交通事故应急处理

"车祸猛于虎"，交通安全事关生命安全与家庭幸福。交通信号灯与道路交通标志作为交通法规的重要组成部分，在道路交通管理中具有重要地位，被人们称为永不下岗的"交通警察"。认识并熟悉交通标志，遵守交通规则，规范交通行为，才能避免安全隐患和交通事故的发生。而掌握一些交通事故应急处理方法，可以在关键时刻减少损失，甚至挽救生命。

一、交通安全常识

(一)道路交通指挥信号灯

1. 指挥灯信号

(1)绿灯亮时，准许车辆、行人通过，但拐弯的车辆要避让直行的车辆和被放行的行人通过。

(2)黄灯亮时，禁止车辆、行人通行，但已超过停车线的车辆和已进入人行横道的行人可以继续通行，但要服从警察的手势，确保安全。

(3)红灯亮时，不准车辆、行人通行。

(4)黄灯闪烁时，车辆、行人须在确保安全的原则下通行。

2. 人行横道信号灯

(1)绿灯亮时，准许行人通过人行横道。

(2)绿灯闪烁时，不准行人进入人行横道，但已进入人行横道的，可以继续通行。

(3)红灯亮时，不准行人进入人行横道。

(二)大学生应该熟悉的道路交通标志

道路交通标志是用图形符号、颜色和文字向交通参与者传递特定信息，用于管理交通的设施。道路交通标志分为主标志和辅助标志两大类。其中，主标志又可以分为以下四大类：

1. 警告标志

警告标志是警告车辆和行人注意危险地点的标志。其颜色为黄底、黑边、黑图案，形状为正等边三角形。

反向弯路　　　连续弯路　　　上陡坡　　　下陡坡　　　两侧变窄　　　右侧变窄

左侧变窄	窄 桥	双向交通	注意行人	注意儿童	注意牲畜
注意信号灯	注意落石	注意横风	易 滑	堤坝路	傍山险路
村 庄	隧 道	路面不平	渡 口	施 工	注意非机动车
有人看守铁路道口	无人看守铁路道口	过水路面	事故易发路段	驼峰桥	慢 行
叉形符号	注意危险	左右绕行	左侧绕行	右侧绕行	

图 3 - 2 交通警告标志示例

2. 禁令标志

禁令标志是禁止或限制车辆、行人交通行为的标志。其颜色通常为白底、红圈、红斜杆和黑图案，其中，"禁止车辆停放标志"为蓝底、红圈、红斜杆。其形状通常为圆形，个别为八角形或顶点向下的等边三角形。

禁止汽车拖、挂车通行	禁止拖拉机通行	禁止农用运输车通行	禁止两用摩托车通行	禁止某两用车通行

禁止畜力车通行	禁止人力货运三轮车通行	禁止人力客运三轮车通行	禁止骑自行车下坡	禁止骑自行车上坡

禁止行人通行　　禁止右转弯　　禁止左转弯　　禁止直行　　禁止向左向右转弯

禁止直行和向右转弯　　禁止掉头　　禁止超车　　解除禁止超车　　禁止车辆临时或长时停放

图 3 - 3　交通禁令标志示例

3. 指示标志

指示标志是指示车辆、行人行进的标志。其颜色为蓝底白图案，形状为圆形、正方形或长方形。

鸣喇叭　　最低限速　　干路先行　　会车先行　　人行横道

右转车道　　直行车道　　直行和右转合用车道　　分向行驶车道　　公交线路专用车道

机动车行驶　　机动车车道　　非机动车行驶　　非机动车车道　　允许掉头

图 3 - 4　交通指示标志示例

4. 指路标志

指路标志是传递道路方向、地点和距离信息的标志。其形状除地点识别标志、里程碑、分合流标志外，为长方形或正方形。一般道路指示标志为蓝底白图案，高速公路为绿底白图案。

入口预告　　入口预告　　入口预告　　入口　　起点

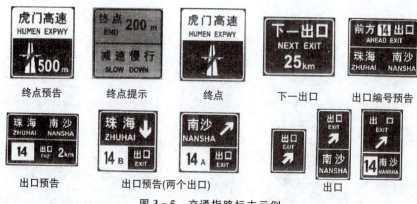

图 3-5 交通指路标志示例

二、交通事故应急处理

道路交通事故，是指车辆驾驶人员、行人、乘车人以及其他在道路上进行与交通有关活动的人员，因违反《中华人民共和国道路交通管理条例》和其他道路交通管理法规、规章的行为，过失造成人身伤亡或者财产损失的事故。如不慎遭遇交通事故，应从以下两个方面做起。

（一）保护现场，及时报警

当大学生驾驶机动车发生交通事故时，驾驶员应当立即停车，保护现场。事故现场是有关部门划分事故责任的重要依据之一，一定要保护好，要防止当事人故意破坏、伪造现场、毁灭证据。若因抢救受伤人员变动现场的，应当标明位置。

若交通事故仅造成轻微财产损失，未造成人员伤亡，并且基本事实清楚，双方当事人对事实及成因无争议，可以即行撤离现场，恢复交通，自行协商处理损害赔偿事宜。有责一方应当及时通知保险公司。

若交通事故比较严重，不能即行撤离现场的，应当迅速拨打 122 或 110 电话报警。详细说明事故发生的地点、时间、伤亡人数、违章车辆车牌号码等信息，并报上自己的姓名和联系方式。

若机动车妨碍交通又难以移动的，应当按照规定开启危险报警闪光灯并在车后 50 米至 100 米处设置警告标志。如果是在夜间发生事故，还应当同时开启示廓灯和后位灯。

若肇事者想逃脱，要设法制止，可以发动周围的人帮助；如果实在无法制止，要记住肇事车辆的特征和车牌号码，以及肇事人的个人特征。

相关链接：
需要立即报警的道路交通事故

（二）采取正确的急救措施

抢救伤员时，不要盲目操作，应有要领和顾及轻重缓急，否则可能会加重伤情，甚至危及伤员的生命安全。

1. 初步检查、判断伤员的伤情

首先检查伤员神志、意识。正常人的意识是清醒的，反应是灵敏的，对事物的地点、时间的判断是很准确的。但当车祸发生后，因受伤的程度不同，意识也会呈现不同的状态。如果伤后只是一时不省人事，且时间不超过 20 分钟，那么表示伤势不太严重。如果伤后一直昏迷或呈现昏迷—清醒—再昏迷的状态，而且伴有剧烈、持续的头痛和频繁的呕吐、瞳孔散大或者大小不等的改变，就说明脑损伤比较严重。

其次是检查伤员的呼吸。呼吸是生命的基本体征。正常人每分钟呼吸 16～20 次，垂危伤员的呼吸多变快、变浅、不规则。伤员临死前，一般呼吸会变缓慢、不规则直至停止呼吸。在观察危重伤员的呼吸时，由于呼吸微弱，难以看到胸部明显的起伏，可以将小片棉花或小薄纸条、小草等放在鼻孔旁，看这些物体是否随呼吸来回飘动，由此来判定伤员是否还有呼吸。

最后是检查伤员的脉搏心跳。心跳也是生命的基本体征，正常人的脉搏为每分钟 65～100 次。严重创伤、大出血的，心跳多快而弱。心跳为每分钟 120 次以上时，多为早期休克。当伤员死亡时，心跳停止。发生车祸后，若伤员脉搏细而快、面色苍白、皮肤湿冷、烦躁口渴、呼吸浅而快，甚至出现呼吸困难，是出血性休克和肺胸膜损伤的表现。若脉搏慢而洪大，呼吸慢而深，则是脑损伤的表现。这些都是危险信号，应火速送往就近的医院治疗。

2. 现场施救的先后顺序

如果伤员大出血，应先止血，解除呼吸道阻塞，以防休克，紧急时可用干净手帕、衬衣将伤口压住再行包扎；如果伤员的呼吸和心跳停止，应该立即进行人工呼吸和心脏按压；对于丧失意识者，宜用手帕、手指清除他们口中、鼻中的泥土、呕吐物，随后将伤员放置在侧卧位或俯卧位，以防窒息；对于四肢骨折者，可以就地取材，用木棍、木板、布条等将骨折肢体加以固定。

3. 防止"二次损伤"

在现场抢救时，通常要将伤员从车上或车下搬运出来，这时要特别注意现场伤情处置，防止造成"二次损伤"，要预防颈椎错位、脊髓损伤等。当抢救者从车厢内搬出重伤员时，可以用硬纸板、厚帆布之类的东西，剪成适合颈部的两片，放在伤员颈部前后，再用布条包扎，以防颈部活动引起颈椎错位，损伤脊髓，从而引起高位截瘫。此外，在搬动伤员到担架上时，要托住腰部，搬动者用力要整齐一致，以防伤员因腰部损伤影响到脊髓。

若伤员是自己，不要乱动，当有人帮助时，应当告诉对方自己的身份、校名、地址、家长或家庭电话等，获救后要尽快与家长和老师联系。

案例警示

某校大学生小李、小陈，2012年2月开学返校时，小李在某汽车租赁公司租了一辆小轿车，并开车去火车站接小陈返校。小李在火车站接到小陈后，又开车驶向广东方向，计划去深圳游玩。当车经过云浮境内某段高速公路时，突然发生追尾起火的严重交通事故，车上两名乘员小李和小陈身亡。学校老师从汽车租赁公司得到事故消息时，立即与学生家长和交警联系。当确认学生死亡后，校方立即去和家长沟通，帮助家长处理学生后事。经了解小李从汽车租赁公司租车开上路时，仅是领取驾驶证日期后的一年半时间，并且在校期间基本未开过车，驾驶技术尚未熟练就开车上了高速公路。两名学生外出时间为返校报到时间，且辅导员已通知学生将于第二天召开学期初班会，而两名学生属于未经允许擅自外出。

本案例中，两名年轻学生的死亡非常令人遗憾。加强对学生纪律的管理仍然是目前大学生安全教育工作的重要内容之一。同时大学生必须提高对交通安全重要性的认识，熟悉我国的交通法规，自觉遵守交通规则，保障自己和他人的出行安全。学习交通知识不仅是为了自己、为了他人，更是为了家庭、为了社会、为了国家，切不可因缺乏交通安全知识而引起终身遗憾。

第三节　旅游出行安全

一、户外游玩安全

（一）踏青

多数人踏青时会携带一些真空包装食品，购买时要看看是不是漏气，胀袋的食品不能买。如果是自制食品，加工时要烧熟煮透，最好是当天早上加工，冷却后再包装；隔夜加工的，要放在冰箱里冷藏或冷冻，在出行前取出，并在中午前吃完，以免变质。携带干粮类食品，应以烘烤、油炸类为主，因为包子、夹心蛋糕等水分含量高的食品容易变质，食用后易引发疾病。

购买当地土特产食品，不能只看价格，应该仔细查验生产厂家、生产日期、保质期。购买时一定要索取发票或相关凭证，并妥善保留，如出现问题，可作为投诉的重要凭据。

春季蜂飞蝶舞，外出踏青不可抹香水、发胶和其他芳香类的化妆品，带的甜食和含糖饮料也要密封好，以免招惹蜂虫。如果有人不小心引发蜂群攻击，千万不要四处乱跑，而应就地蹲下，用随身携带的衣物遮挡头脸和身体其他裸露部位，耐心静候，等蜂群的攻击平息后，再慢慢离开；千万不要试图反击，否则只会招来更多的攻击。

图 3-6　不要招惹蜂类

（二）登山

应该慎重选择登山的地点。登山前要向附近居民了解清楚当地的地理环境和天气变化情况，选择一条安全的登山路线，并做好标记，防止迷路。

要穿一双舒适合脚的运动鞋，还要有一个轻便的背包，随身携带急救药品，如云南白药、止血绷带等，以便在发生摔伤、碰伤、扭伤时使用。背包不要手提，要背在双肩，以便用双手抓攀。

登山时间最好选在早晨，午后应该下山返回驻地。不要擅自改变登山路线和时间。千万不要在危险的崖边照相，以防发生意外。上山或下山时应低头看路，而不能抬头观景。俗话说："走路不看景，看景不走路。"

（三）探险

很多大学生喜欢探险，探险前一定要精心选择游览路线，并找当地向导带路；鞋子要舒适防滑，衣服要贴身，避免树枝扯挂；携带必要的食品、饮料、救急药品、通信工具及简易报警器材，如手电筒、哨子、喇叭等。有些路、洞、潭、河等情况不明，不要贸然前往，如有些山洞未经开发，洞中光线昏暗，不具备游览条件，若贸然进洞，极有可能失足、迷路，造成危险。因此，应按照旅游区的指路牌、正式道路行进，或在导游的引导下游览。

在荒草树丛中行走时，要用绳子把裤腿和上衣袖口扎住，以防虫蛇咬伤，或被树枝划破皮肤。手中可拿一根细棍，边走边拍打前面的草丛，避免踩到毒蛇。

相关链接：
关注户外运动安全

二、涉水安全

（一）野外游泳危险多

水域宽阔、水质清洁、游泳者较少的江河湖海给我们提供了比游泳馆优越得多的游泳环境，且大多数自然水域游泳是免费的，因此，它们成为许多青少年游泳爱好者的首选。但是，自然水域中潜藏着许多"隐形杀手"，例如水位深浅不一，缺乏必要的安全设施和救护措施，很容易发生溺水事故。据统计，发生在自然水域里的溺水事故是正规游泳场的 4 倍。在缺少安全设施和救护措施的情况下，切忌到自然水域里去游泳。

（二）泳池游泳也要防溺水

在游泳池游泳就一定安全吗？相对于自然水域，游泳池里发生溺水事故的概率要小一些，但在游泳池里也同样隐藏着一些不安全因素：游泳池里人多地滑，时常发生撞伤、摔伤等安全事故；对不会游泳的人来说游泳池的深水区非常危险。如果我们不注意安全防范，不遵守游泳馆的游泳安全规则，即使在游泳池游泳，也可能发生溺水事故。

在游泳池边，不要快速奔跑或相互追逐，以免滑倒摔伤；戏水要适度，不可将他人压入水中不放，以免他人因呛水而窒息；也不要随意推人下水，以免撞到他人或撞到池边受伤。下水时以脚先入水较为安全，严禁在池边跳水，因为容易造成颈椎受伤甚至导致全身瘫痪。在水中感到寒冷，或感到体力不支，或发生抽筋时，应立即上岸休息。若无法游回游泳池边，应立即向管理员呼救，等待救援。

（三）切勿盲目下水救险

在我们的身边时常发生因施救不当或因不懂得水中救人的技巧，而导致被救者与救人者都溺水身亡的悲剧。水中救人是一件很危险的事情，救人者不仅需要有见义勇为的精神，更要通晓水性，掌握水中救助技巧。盲目施救弊大于利，应当杜绝。

当溺水情形发生时，在岸边的人应该立即呼救或电话报警，寻求他人的帮助。水平一般的游泳者不宜直接下水救人。当溺水者离岸不远且尚在挣扎时，最好的救援方式就是向溺水者丢系有绳索的救生圈；若现场没有救生圈，也可将能帮助溺水者浮在水面的物体丢给溺水者，或递长竿、树枝之类的东西，让溺水者抓住攀附。若离岸边较远，最好还是划船或驾船前往搭救，不要徒手下水救人。通晓游泳技能者如果下水救人，下水前应先脱掉自己身上厚重的外衣，游到溺水者附近时，一定要观察清楚位置，从溺水者身后出手救援，防止被溺水者抱住。如果被溺水者抱住不放，施救者应想办法迅速挣脱溺水者，确保自身安全，然后再寻找机会施救。

（四）游泳安全"五个不准、一个严禁"

"五个不准"：不准私自下水游泳、不得擅自外出游泳、不到无安全设施的游泳场所游泳、不到无救护人员的水域游泳、不到水情险恶的地方游泳。

"一个禁止"：禁止到山塘、河流、水库、建筑工地的积水畦地等危险水域游泳。

三、野外遇险求救

若在野外迷路或被困，生存环境恶劣，身边有未知危险潜伏，对于被困者来说，及时了解自己所面临的困境，通知他人求得救援是最紧迫的。遇险求救时，要采取各种方式与别人取得联系，发出的信号要足以引起人们的注意。

根据自身的情况和周围的环境条件发出不同的求救信号，一般情况下，重复三次的行动都象征着寻求援助。求救信号的种类有以下四种。

（一）烟火信号

火光作为联络信号是非常有效的。遇险时可点燃烟火求救。为保证信号可靠，白天可在火堆上放些苔藓、青嫩树枝、橡皮等使之产生浓烟；晚上可放些干柴，使火烧旺，使火焰升高。

燃三堆火是国际通行的求救信号，将火堆摆成三角形，间隔相等最为理想，这样安排便方便点燃。如果燃料稀缺或者自己伤势严重，或者由于饥饿、过度虚弱，无法凑够三堆火焰，那么因陋就简点燃一堆也行。

不可能保证所有的信号火种整天燃烧，但应随时准备妥当，使燃料保持干燥，一旦有交通设备路过，就尽快点燃求助。

火堆的燃料要易于燃烧，点燃后要能快速燃烧，因为有些机会转瞬即逝。白桦树皮是十分理想的燃料。

可以利用汽油助燃，但不可将汽油倾倒于火堆上，用一些布料做灯芯带，在汽油中浸泡，然后放在燃料堆上。将汽油罐移至安全地点后再点燃火堆。点燃之后如果火势不旺或即将熄灭，需添加汽油时，要确保将汽油添加在没有火花或余烬的燃料中。

在白天，烟雾是良好的定位器，所以火堆上要添加能散发烟雾的材料。浓烟升空后与周围环境形成强烈对比，易引起人注意。

在夜间或深绿色的丛林中，亮色浓烟十分醒目。添加绿草、树叶、苔藓或蕨类植物都会产生浓烟。其实任何潮湿的东西都能产生烟雾，潮湿的草席、坐垫，可熏烧很长时间而且浓烟使飞虫难以逼近伤人。

黑色烟雾在雪地或沙漠中最醒目，橡胶和汽油可产生黑烟。

如果受到气象条件限制，烟雾只能近地表飘动，可以加大火势，使暖流上升势头更猛，携带烟雾到理想的高度。

（二）旗语、声音信号

将一面旗子或一块色泽亮艳的布料系在木棒上，持棒做"8"字形运动。

如果双方距离较近，不必做"8"字形运动，简单地划动即可，在左侧长划一次，在右边短划一次，前者应比后者用时稍长。

如相隔不远可尝试大声呼喊，三声短，三声长，再三声短，间隔 1 分钟之后重复。

（三）反光信号

利用阳光和一个反射镜即可射出信号光。任何明亮的材料都可加以利用，如罐头盒盖、玻璃、金属铂片，有镜子则更加理想。持续的反射将规律性地产生一条长线和一个圆点，这是莫尔斯代码的一种。即使不懂莫尔斯代码，随意反照，也能引人注目。无论如何，至少应掌握 SOS 代码。

要注意环视天空，如果有飞机靠近，应快速反射信号光。因为这种光线或许会使营救人员目眩，所以一旦确定自己已被发现，应立刻停止反射光线。

 案例警示

2011 年 6 月 14 日下午，某校财务管理专业学生徐某，在宿舍里看到学校围墙外水塘有人在游泳，随即提议舍友一同去游泳。舍友拒绝后，徐某更换衣服一人前往水塘游泳。晚间民警接到水塘附近群众报警，赶到现场查看后判断为可能有人溺水。学校得知消息立即到达出事现场并组织指挥施救工作。不久，徐某被打捞上岸，在现场等候的 120 医务人员立即对其进行抢救，但最终抢救无效，经法医鉴定死亡。

溺水是夏季经常发生的安全事故，大学生要有这方面的安全意识，无论在校内还是校外，都要去正规的、有安全防护的地方游泳。该事件中徐某没有把老师有关安全教育的叮咛放在心上，没有对学校有关禁令引起高度重视，认为自己会游泳，不会发生危险，但悲剧却在自己身上发生了。大学生必须时刻把"安全第一"放在心中，必须牢记生命永远是最宝贵的。

第四章

网络安全

　　随着互联网的迅猛发展和日益普及，网络已经成为大学生日常学习生活不可或缺的一部分。然而，网络是把"双刃剑"，它给大学生带来很多生活和学习的便捷的同时，也会给大学生带来一些负面影响。沉溺于网络对大学生的生理与心理健康会造成一定的危害，并且会影响到大学生的正常学习和生活。此外，也有一些不法分子利用网络进行违法犯罪活动，给大学生带来财产损失和人身伤害。网络中存在的不良信息，也会对大学生造成不良影响，容易诱发违法犯罪行为。因此，作为当代大学生，必须了解和掌握网络安全知识，提高网络安全意识，确保国家利益和自身权益。

第一节　信息安全防护

　　网络信息涵盖的内容广泛，包括网络设备的系统信息、网民资料、网上传播信息等。近年来，发生在大学生中的网络信息安全事件屡见不鲜，包括大学生通过电脑、手机以及其他可上网设备上网时，用户信息系统受损、信息内容泄露、个人活动受到不良干扰等，通常表现为中病毒或木马、账号或密码被盗、个人信息泄露、遇到假冒网站、遇到欺诈诱骗信息、手机被安装恶意软件、垃圾短信、骚扰电话等。

一、不良网页信息防范

1. 不良政治类信息

　　不良政治类信息包括发布煽动民族仇恨、民族歧视，宣扬邪教、封建迷信以及反党、反政府等威胁社会稳定和国家安全的信息。这部分信息带有一定的隐蔽性，严重危害着我国的国家安全和社会安定。比如，"法轮功"邪教组织经常通过电子邮件发布歪理邪说，甚至通过网络手段煽动学生退团、退党，企图颠覆党和政府。

图 4-1　注意分辨网页不良信息

2. 色情类信息

　　网络上的色情类信息主要指一些网站、论坛散布含有淫秽、色情内容的影像、动画、图片、小说。迷恋网络色情对大学生最直接、最明显的影响是扭曲他们的性观念，冲击他们的性行为，损害他们的身心健康甚至诱惑他们走向性犯罪。在时间上的瞬间性和空间上的无边界性，使得色情类信息可以毫无障碍地传播。目前，色情类信息已成为公众举报的数量最多的不良信息之一。

3. 虚假类信息

　　虚假类信息指内容不真实的网络信息。在网络上，发布信息简易，传播速度快，发布者易隐匿。因此，虚假类信息在网络传播中滋生繁衍十分猖獗，虚假广告、新闻、身份、中奖、招聘信息等，各种不真实信息在网络上层出不穷。

4. 垃圾类信息

　　垃圾类信息通常包含虚假和欺诈的广告宣传、传销、骚扰、色情、病毒、恶意代码、反动和封建迷信等内容，这些垃圾类信息无处不在，几乎所有的网民都曾遭受其骚扰，甚至导致诸多危害国家安全和社会治安以及侵害他人合法权益的现象出现。其中，网络垃圾邮件是最主要的网络垃圾信息。

5. 违反道德类信息

违反道德类信息是指违背社会主义精神文明建设要求、违背中华民族优良文化传统与习惯以及其他违背社会公德的各类信息。主要包括代孕、伴游、赴香港产子、代写论文、代发论文以及一些与黑客技术交流、强制视频软件下载等相关的披着高科技外衣的信息。

二、网络聊天交友安全防范

(一) 网络聊天交友常见安全问题

在网络这个虚拟世界里，一个现实的人可以以多种身份出现，也可以多种不同的面貌出现，善良与丑恶往往结伴而行。由于沟通方式的限制，人与人之间缺乏多方面、真切的交流，唯一交流的方式就是电子文字，而这种沟通方式往往掩盖了一个人原本应显现出来的素质，为一些居心叵测者提供了可乘之机。因此，大学生在互联网上聊天交友时，必须慎重，不要轻易相信他人。

(1) 骗财。多以盗号诈骗、遇急事借钱、委托购物等形式出现。手法上有盗号后冒充好友借钱汇款、购物，网聊获得信任后借钱、假装网恋提出钱财要求等。

(2) 侵犯身体。多数案件是针对女生。案发一般过程是通过网络聊天平台搭讪——骗取信任（谎称"高富帅""白富美"、感情失意、生意失败等切入）——骗入恋爱陷阱（或工作陷阱、物质好处陷阱等）——线下见面——吃饭娱乐——开房留宿（通过下药、喝醉、夜深不归等手法），最终面目暴露，实施暴力恐吓、限制人身自由、强奸、轮奸、拐卖到偏远地区、倒卖进按摩卖淫窝点等。

(3) 敲诈。主要手法是通过网络"钓鱼"（或网络视频聊天）取得个人隐私，如私密照片、私密信息等，实施钱财或身体交换的敲诈。还有通过交友、网恋骗取信任，约至线下见面，限制人身自由实施敲诈等。

(二) 网络聊天交友陷阱的预防

在网络交友时，大学生要充分认识到网络的虚拟性、盲目性和不确定性，时刻保持警惕，谨防一些心存不轨的网友，具体可以做到以下几点。

(1) 在网络上使用聊天工具时，尽量使用虚拟的信息，尽量避免使用真实的姓名，不轻易告诉对方自己的手机号码、住址等有关个人真实身份的信息。经过一段时间的线上沟通以后，好友之间有了一定的了解，也建立了一定的信任，但此时仍应保持一定的警惕与自我保护意识。不要轻易与网友见面，如要见面也不要带着太多的期盼，因为网络和现实存在差别。

(2) 与网友会面时，不要一个人赴约，尽量带上自己信任的同学或朋友。见面时间尽量选在白天，见面的地点最好选在公共场所人较多的地方，不要选择偏僻、隐蔽的场所或酒吧、会所。尽量不喝对方单独买的饮料或酒水。在见面时察言观色，不过多透露自己的身份信息和家庭情况，保护好财物和通信工具。

（3）在与网友聊天时，不要轻易点击来历不明的网址链接或来历不明的文件，以免中毒或被骗。

（4）网络交友要保持理性和平常心，时刻提醒自己正在做什么。不要强迫自己做使自己或他人不愉快的事情，不要过早过快地投入自己的感情。警惕网络色情聊天。

相关链接：

网络交友暗藏玄机

三、网络购物、支付安全防范

（一）做好密码等信息保护

建议用户设置字母与数字结合的复杂密码，降低被病毒破译密码的可能性，提高计算机系统的安全性，避免将自己的生日、姓名英文拼写、熟悉的英文单词等作为计算机系统的密码或是网上支付的密码。在聊天工具上涉及资金操作时，请一定与朋友电话确认。保护好手机校验码，不要把收到的手机校验码告诉任何人或在不明钓鱼网站输入，防止不法分子冒充支付平台工作人员诱骗密码。

（二）电脑日常安全维护

经常给电脑系统升级，安装杀毒软件、防火墙，经常升级和杀毒，做好自身计算机的日常维护工作，定期给系统和相应的应用软件升级，对系统的补丁做到及时更新，安装正式的杀毒软件和防火墙软件，并经常升级和查杀。给系统安装木马防范及系统优化软件，通过这种软件可以实时防止木马程序对自身计算机的攻击、对密码等敏感信息的窃取。尽量不要在公共电脑上使用自己的有关资金的账户和密码。另外建议用户至少安装使用门槛较低的免费的数字证书产品，最好还能使用提供动态口令牌技术的安全产品，提升支付安全保障水平。

（三）网站安全登录访问

在登录支付资金时应注意确认该网是否为官方网站，仔细核对该网站的域名是否正确，注意小写"l"与"L"、"o"与"O"等情况；保证良好的上网习惯，访问购物网站时尽量避免以手工直接输入网址的方式进行访问，以免输入错误被相似钓鱼网站获取敏感信息，不要点击QQ或其他即时通信软件上好友发来的来历不明的超链接，以避免个人账户信息泄露或被利用。

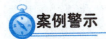 **案例警示**

案例 1

某大学一男同学王某，跟随一女同学进入卫生间，偷窥女生的隐私，被当场抓获。后在学校保卫部门处理时，其交代自己长期以来在网上浏览色情图片，产生强烈的好奇心，一时冲动就做出了这种事情。

案例 2

天津市 22 岁的青年许某通过网上交友，先后将两名女青年强行奸污，被天津市河东区检察院依法批捕。2012 年 7 月 25 日凌晨 3 时，男青年许某来到河西区某网吧，当他化名"专一男孩"上网聊天时，与化名为"芷洁"的 16 岁女孩孙某结识。许某上网经验丰富，且言语表达圆滑，很快骗取了女孩孙某的信任。当日早晨 8 时，许某打电话约女孩孙某见面，商量好一同去网吧里玩。途中，许某谎称手机需要充电，将女孩骗到他的住所。其后，许某强行将孙某拽进屋内，反锁房门，用胁迫手段先后两次将她奸污，并强行让她留宿。经查，7 月上旬，许某同样。通过上网聊天，结识了一位化名为"伤心女孩"的女青年，当晚与她一起就餐、蹦迪后，以仿真手枪相威胁，将她强奸。

案例 3

2014 年 5 月，郑州某高校大学生小赵在网上订购了一个充电宝，不久就接到自称是"卖家客服"的电话。对方告知小赵，由于系统临时维护升级，小赵的订单失效，需要他填写退款协议办理退款。小赵便通过 QQ 打开了对方发来的退款链接，并按照提示输入了银行卡号、密码、身份证号、手机号及短信验证码等信息。结果，晚上便发现自己的银行卡号被盗刷了 3000 元。

案例 4

2015 年 10 月，山东某高校大一新生李某在网上认识了一名女网友，两人聊得非常投机，该女子主动给李某发了自己的照片，并邀约其出来见面。李某见该女子相貌乖巧，是自己心仪的类型，便欣然赴约。见面后，该女子将李某带至一家比较偏僻幽静的茶楼消费，结账时李某发现二人消费竟高达 1300 余元，遂找茶楼老板理论，老板叫来数名彪形大汉，威胁李某。后李某假称钱不够，借打电话叫同学送钱之机，发短信请同学帮忙报警。在民警的帮助下，李某才被解救回校。

很多犯罪分子利用网络平台，在上网聊天时寻找目标实施诈骗、抢劫、强奸等犯罪活动。大学生的防范意识不强，在聊天过程中，常常会泄露大量的个人信息，而成为这些犯罪分子的目标。上述案例，就是社会上常见的所谓"茶托"。社会上一些不法人员利用大学新生社会阅历浅、易轻信他人的弱点，实施犯罪，这些都要引起大学生的高度警惕。

第二节　预防网络诈骗和网络犯罪

互联网和电子商务技术飞速发展，网上购物、网上营销、网上理财、网上炒股、网络充值等商务活动日渐寻常，但是这些活动中也潜伏着种种陷阱，有时让人防不胜防。大学生在进行网络商务活动时，需要了解一些常见的网络欺诈形式，以确保财产安全，避免损失。网络犯罪是指在互联网上实施触犯刑法的严重危害社会的行为。网络犯罪以计算机网络为工具或以计算机网络资产为对象，运用网络技术和知识实施犯罪。大学生应注意识别和防范网络犯罪分子，拒绝被不法分子利用实施网络犯罪行为。

一、常见的网络诈骗陷阱

（一）网购诈骗

诈骗分子制作虚假购物网站或以"超低价格""走私货""免税货"等名义促销商品，使一些人因觉得网站"正规"、低价诱惑或好奇心理而上当受骗。同时诈骗分子又以"减少手续费""交易快捷""送红包"等借口劝说买家不要使用"支付宝"等安全支付工具，而是直接转账到其指定账户。诈骗分子还会诱导买家提前付款，以收取货物订金、保证金等方式诈骗买家，待付款后，诈骗分子便销声匿迹。

（二）网络中奖诈骗

诈骗分子通过群发软件向 QQ、微信、微博、飞信、邮箱、网络游戏、淘宝、人人网等社交网络用户等发布中奖提示信息。当受害人按照指定的"网站""网页"或"电话"进行咨询查证时，诈骗分子以中奖需要缴纳所得税、手续费等理由让事主汇款。

（三）网上兼职诈骗

诈骗分子通过网站或者网上论坛发布"报酬优厚"的网上兼职广告，诱使受害人联络。诈骗分子通过要求受害人用手机发送验证短信或拨打电话骗取手机信息费，要求输入银行账号、密码盗取银行卡资金，以缴纳押金、材料费等为由骗取钱财等手段诈骗。

（四）网络招聘诈骗

当今绝大多数大学生会通过网络求职。一些诈骗者抓住大学生缺乏社会经验、求职心切的特点实施诈骗。诈骗分子通过招聘网站、高校就业网站发布虚假的人才需求信息，然后冒充用人单位或者猎头收取大学生的押金、中介费、信息费；更有甚者，一些传销组织打着招聘的旗号将大学生骗入传销组织。

（五）QQ盗号诈骗

诈骗分子通过盗取受害人的QQ密码，冒充受害人本人与他人聊天对话，捏造手机打不通，但要治病、学车、参加培训班、旅游、购物以及碰到紧急事情等需要用钱的理由，骗取受害人亲戚、朋友、同学的钱财。

（六）"网络钓鱼"诈骗

诈骗分子首先制作与正规金融机构、电子商务网站或商业传媒机构相类似的山寨网站；然后冒充正规机构发布含有山寨网站网址的欺骗性信息，并通过邮件、网络社交工具、网络游戏、网页虚假广告、手机短信等方式通知受害人，欺骗、诱使受害人告知敏感信息如账号、口令、密码、信用卡信息等。

图4-2　警惕网络"钓鱼"网站

二、网络贷款安全

（一）网络贷款产生的原因

1. 客观原因

随着互联网以及电子商务的不断发展，网络消费逐渐成为人们生活的主要组成部分。网络金融服务也随着国家金融政策的放宽以及网络技术的成熟走入大众视野，消费和理财都不再拘泥于传统形式，这些客观条件的成熟使得网络贷款渐渐被大众接受。大学生处于青春期阶段，比较容易接受和认同新兴事物，并且以此为标杆。当朋友中出现网络贷款后，其影响会更加强烈。

2009年7月银监会出台规定，叫停银行向大学生发放信用卡服务，一度导致服务于大学生的信贷消费市场转冷。这种客观事实，致使想进行提前消费的大学生将目光转向了网络贷款。网络贷款申请简单易行，不仅如此，不少商家瞄准了大学生的商机，专门针对大学生这一群体，研发大学生的网络贷款。

2. 主观条件

随着校园生活的丰富以及网络贷款的便捷，同时受享乐主义、拜金主义等不良思想影响，大学生消费观越来越前沿，超前消费的理念和行为时有发生。据不完全统计，大学生消费支出中餐饮和服饰占总支出的60%，一些大学生盲目追求名牌、讲究时尚。在没有网络贷款的情况下，学生没有多余的资金去盲目追求。然而网络贷款的发展，给予大学生消费一注强心剂，让一些大学生更加从容、坚定地去消费购物，然后分期偿还贷款。这不仅刺激了大学生的攀比和虚荣心理，更为大学生超前消费观的养成提供了条件。

（二）网络贷款引发的问题

1. 对大学生的影响

大学生来自不同的地区，家庭收入的差异、消费能力和消费水平的差距颇大，而大学生正处在世界观、人生观尚未稳定的阶段，易受到外界环境的影响，易形成盲目攀比的心理。大学生的花费主要源于父母，在没有网络贷款的前提下，消费是受到一定抑制的，而当下一些网络贷款公司以"零首付""零利息""最快3分钟到账"为幌子，不断诱惑意志不坚定的大学生，一些大学生很容易受此影响，产生攀比和享受的心理。有关调查显示，在校大学生网贷消费的物品主要是手机、电脑等科技产品，除此之外旅游、服饰、餐饮也逐渐成为分期消费的内容。由此可以看出，网络贷款并不是仅仅解决了高校在校生的基本生活问题，而是为了满足其享受的欲望。不良的消费习惯一旦形成，如不加以劝导或制止，会通过不断借贷去满足自己的欲望，从而形成恶性循环。

法律法规的不健全，致使网络贷款平台的监管缺失，学生信息被随意查看甚至买卖，当学生信息遭到不法人员利用时，学生的经济损失巨大。即使有些信贷不属于学生本人操作，但后期举证困难，致使学生迫于压力，自己还清款项。不仅如此，随着国家诚信平台的建设，此类贷款信息都会进入学生本人的终身档案，影响学生的个人征信记录，为今后生活带来不必要的麻烦。

2. 对家庭的影响

学生使用网络贷款主要是为了帮助家庭减轻经济困难，但是当学生盲目借贷无力偿还后，经济压力反而不得不转嫁给家庭，这样的行为对家庭的影响很大，家庭必须面对巨大的还款压力。网络贷款除了纵容学生的非理性过度消费，还让一些贫困家庭不得不承担起了原本无力承担的压力。

（三）小额"校园贷"的特点

（1）以"无担保、无抵押""额度高、利息低""手续简便、放款便捷"等为噱头，吸引急需用钱的大学生借贷。一般情况下，仅提供本人身份证、学生证及父母真实的住址、通讯方式就可以放贷。目前面向大学生的小额"校园贷"较多，贷款额度为1000元～5万元不等，贷款时间为1个月～3年不等，贷款利息分别有按照天、月、年等计息，年利息为8％～30％不等。

（2）以借贷合同为掩护，利用大学生对"校园贷"相关规则的不熟悉，在放款前尽可能收取手续费、保证金、利息等。一些网络平台、贷款公司存在费率标示不清，在手续费、逾期费、违约金等方面表述含糊，一旦逾期未还，违约金、滞纳金和管理费等累加，极易导致借贷大学生无力偿还，最终可能再去找其他公司借更多的贷款来堵前面的"窟窿"，形成"滚雪球"。

（3）以讨要贷款为由，使用"软暴力"逼迫欠款大学生还债或重新计算欠款"打欠条"。对逾期未还的大学生，采取电话联系本人，扬言将其欠款一事通知其朋友、辅导员、家长，到公司"协商""谈判"，找同学担保等方式逼迫其尽快还钱。

（四）增加安全风险意识，树立文明、理性、科学的消费观

小额"校园贷"多是高利贷陷阱，要算好法律风险账和经济风险账，善于运用国家各项资助政策和勤工助学，通过诚实合法劳动创造财富。同时，要结合实际，量入为出，制订科学合理的消费计划，在生活消费、人际消费、娱乐消费方面不盲从、不攀比、不炫耀，培养节俭自立意识，适度控制消费支出。对校园内出现的各种"校园贷"广告，一经发现要立即报告和清理，发现身边同学有此行为，要及时提醒并报告辅导员。

相关链接：

开学季，请远离校园贷

三、网络犯罪的类型

（一）危害计算机信息系统安全方面的犯罪

（1）非法侵入计算机系统，指不法分子侵入国家事务、国防建设、尖端科学技术领域的计算机信息系统的行为。

（2）非法破坏计算机系统，指故意制作、传播计算机病毒等破坏性程序，攻击计算机系统及通信网络，致使计算机系统及通信网络遭受损害。

（3）非法中断网络服务，指违反国家规定，中断计算机网络或者通信服务，造成计算机网络或者通信系统不能正常运行。

（二）危害国家安全方面的犯罪

（1）造谣、诽谤和煽动，指利用互联网造谣、诽谤或者发表、传播其他有害信息，煽动颠覆国家政权、推翻社会主义制度，或者煽动分裂国家、破坏国家统一。

（2）窃取、泄露国家秘密，指通过互联网窃取、泄露国家秘密、情报或者军事秘密。

（3）破坏民族团结，指通过互联网煽动民族仇恨、民族歧视，破坏民族团结。

（4）组织邪教活动，指利用互联网成立邪教组织、联络邪教组织成员，破坏国家法律、行政法规实施。

（三）扰乱社会经济秩序和管理秩序方面的犯罪

（1）销售伪劣产品和虚假广告，指利用互联网销售伪劣产品或者对商品、服务做虚假宣传。

（2）侵犯商誉，指利用互联网损害他人商业信誉和商品声誉。

（3）侵犯知识产权，指利用互联网侵犯他人知识产权。

（4）编造或传播虚假金融信息，指利用互联网编造并传播影响证券、期货交易或者其他扰乱金融秩序的虚假信息。

（5）传播淫秽信息，指在互联网上建立淫秽网站、网页，提供淫秽站点链接服务，或者传播淫秽书刊、影片、音像、图片等。

（四）侵犯人身、财产权利的犯罪

（1）侮辱、诽谤他人，指利用互联网侮辱他人或者捏造事实诽谤他人。

（2）侵犯公民通信自由和通信秘密，指非法截取、篡改、删除他人电子邮件或者其他数据，侵犯公民通信自由和通信秘密。

（3）网络盗窃、诈骗、敲诈勒索，指利用互联网进行盗窃、诈骗、敲诈勒索。

四、网络犯罪的预防

网络犯罪既影响大学生自身的健康发展和前途命运，也会对社会造成危害，因此大学生必须提高自身的防范能力，避免网络犯罪。

（一）充分认识网络世界与现实世界的差异

网络存在虚拟性、游戏性和危险性等特点，广大大学生对网络世界要多一分清醒，少一分沉醉，时刻保持高度警惕，不要把网络当作逃避现实生活或者宣泄情绪的工具。网络生活只是现实生活的一部分，它不可能代替现实生活。在现实生活中，要树立正确的人生观、道德观和世界观，无论遇到什么问题，都应该采取积极的态度去面对，去解决，仅靠虚拟网络是无法回避的。

（二）对网络信息保持高度警惕

不轻信网友，不透露个人信息。谨慎结交网友，不要轻易把自己的真实住所、家庭成员和经济状况告诉网友；更不要轻易与网友会面，随意与网友见面存在极大的潜在危险。

（三）要正确、安全、科学用网

不要沉迷于网络游戏和聊天，更不要浏览内容不健康的网站，如充满凶杀、暴力、色情、淫秽、赌博等有损青少年身心健康的内容。应多搜集一些"法律网站"或是"教育、科技网站"的内容和信息，还可以收看收听国内外新闻，了解国内外发生的一些重大事件，增强对不良诱惑的抵制能力。

（四）要保持正确对待网络的心态

遵守《全国青少年网络文明公约》，树立自尊、自律、自强的人生观，增强辨别是非和自我保护的能力，自觉抵制各种不良行为及违法犯罪行为的引诱。要充分利用网络信息资源，不断开发潜能，不断丰富自己的知识，做一个求学上进的大学生。

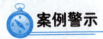 **案例警示**

案例 1

某网民通过 BBS 上面张贴的广告，购买了一台价格比较便宜的笔记本电脑，用过一段时间后，经常出现死机现象，请专业人士检查后，发现内部配置全是伪劣的二手配件。

案例 2

2016 年 9 月，某校食品与化学工程系学生小李（化名），在网络上碰到充值返利的平台，对方通过支付宝软件向小李宣称预存 100 元可在第二天返现 50 元，小李抱着试试看的心理向对方转账 100 元，在第二天果然收到对方转来的 150 元。此后小李放松警惕，认为这个平台是一条赚钱的门路，在第三天向对方转账 5000 元，但是这次小李却没有收到对方的返现和转账，小李给该平台打电话也打不通。小李知道受骗后，随即向公安机关报警。受害者小李家庭经济困难，这 5000 元原本是她这一年的生活费。辅导员老师及系部领导第一时间安抚小李情绪，对其进行心理疏导，积极帮助小李解决目前遇到的困难。

很多诈骗分子之所以屡屡得手，很大程度上也正是利用人们贪婪这种不良心态。该事件中的小李来自偏远山村，上大学之前基本没有接触过网络，网络安全意识不强也是受骗的主要原因之一。虽然网络安全教育一直是大学生安全工作中一个老生常谈的话题，但还是应该坚持不懈地加大宣传及教育力度，从本质上提高学生的防范意识。

案例 3

2016 年 4 月，某校艺术与设计系学生陈某，通过一家网络平台借款 12000 元用于做生意。生意失败后，陈某又在其他网络平台借款来填空生意失败的亏损。几次借贷后，陈某发现钱来得容易，便不断在不同的网络平台借款，一部分用来填补亏空和产生的利息，一部分用来消费。同时陈某向同学借款，向"分期乐"平台缴纳了 10000 元的"代理费"，试图成为这些贷款平台的校园代理人，帮助其他同学借贷，自己抽取佣金。随着亏空的不断加大，陈某无力偿还所欠下的4万余元，只好向家人求助。陈某家人赶到学校后，辅导员与其沟通，最后同意由陈某家人出资给陈某偿还贷款。

案例中的事件并非诈骗事件，属于个人借贷行为。网络借贷是近几年在高校兴起的借贷方式，特点是门槛低，出款快，额度高。大学生还处于消费期，还款能力非常有限，许多大学生无法抵御诱惑进行高息借贷，如果出现逾期，最终还是家长买单，加重他们的负担，所以大学生网上贷款一定要慎重。

案例4

2016年2月，某高校学生李某先后在"趣分期""优分期""99分期""名校贷""人人分期""分期乐""湖北消费""爱子贷""招联520""捷信""52校园""花儿朵朵"等12家公司借贷本金7万多元。得知"加上利息，要还的钱已经翻倍"的情况下，李某的家长于3月17日为其办理了退学手续。

案例5

一封发自湖北武汉的电子邮件震惊香港某公司。3亿港元——发件人向该公司开出勒索天价，并威胁：如不给将遭受更大损失。接到报警后，武汉警方迅速成立专案组。网警们先从电信部门入手，获取发信人的e-mail地址，然后走访网吧密集的地区，查找其网络公司。十几天后，侦查人员终于查明真相。经查，犯罪嫌疑人的手法非常巧妙。他先在武昌区八一路"同志网吧"注册邮箱，再通过位于同一条路上的"天际网吧"送出敲诈邮件。这两个网吧都坐落在大专院校周边，每天上网人数众多，网吧管理者又没按公安机关的要求逐人登记，想找到发信人如大海捞针。侦查人员对经常出入网吧者进行了10天详细调查，终于获得线索：一个20多岁的男青年曾在网吧对别人宣扬，"现在是网络时代，通过网络敲诈外地富翁不成问题"。此人个子不高，每隔几天就会来此上网。侦查人员便不分昼夜，守候在两个网吧周围。当这个年轻人走进"天际网吧"时，被守候在此的网警当场抓获。面对网警，这名武汉某大学四年级学生感叹道："我怎么也没有想到，公安局还有网上破案的本事"。

第五章

财产安全

近年来，以高校大学生为目标的侵财案件不断发生，社会上各种各样别有用心的人将黑手伸向大学生群体，使大学生财产屡屡受损。大学生除了应该提高安全防范意识以外，更需要有针对性地学习一些常见的防范知识，了解基本的犯罪作案手法，提高辨别能力，以达到保护好自身财产的目的。本章介绍校园常见的有关大学生财产安全的知识。

第一节　预防盗窃

盗窃是指以非法占有为目的，窃取他人占有的数额较大的公私财物或者多次窃取公私财物的行为。盗窃是校园内最常见的违法犯罪行为。校园内发生的盗窃行为，严重影响了在校大学生的权益和校园的正常秩序。

一、校园盗窃案的特点

(一)作案场所多样

不论是寝室还是自习室、田径场、图书馆、球场或食堂等公共场所，各类盗窃案都有可能发生，据统计，在这些场所发生的盗窃案件可以占到大学生财物盗窃案件的近七成。根据各个高校的不同情况，比如是否有完整的校园围墙、出入校园的通道有多少、校内安全巡防情况、门卫检查是否严格、寝室管理是否规范等，具体的案发情况又有所不同。

图 5-1　运动场是盗窃案易发场所

总的情况是，哪里管得严、安全防范硬件建设更到位，哪里就能更有效地避免和减少盗窃案件的发生。

(二)盗窃物品种类多样

校园中发生的盗窃案被盗的物品种类繁多，首先是现金，其次是贵重财物。主要有笔记本电脑、手机、金银首饰等贵重物品，但也有比较普通的自行车、摩托车，以及衣物、学习用品等五花八门的物品，甚至是楼道台阶上的铜条、铁护栏的铁块等。许多校园周边都有一些劣迹斑斑的辍学青少年长期游窜在校内，针对学校的这些设施作案，虽然每次盗窃的规模不是很大，但长期以来也造成了不小的损失。

(三)作案时防不胜防

盗窃犯罪分子不断窥探学生在财物保管方面的薄弱环节，寻找作案时机，令人防不胜防。许多发生在学生寝室、公共场所的失窃案件，均是因为一时疏忽而导致财物被盗的。有些学生早上起床后，不关房门就到卫生间去洗漱，回到寝室后即发现放在桌上的手机、钱包不见了；有些学生将书包放在自习室，人却去了卫生间，导致书包被偷走，等等。这些案例集中反映了犯罪分子在作案时机选择上具有针对性、行动准确、撤离迅速的作案特点。

（四）内部人员盗窃案件不容忽视

大学生中有个别人贪图享乐、思想堕落，逐渐养成了偷盗劣习，在人们查获的发生在学生寝室及部分公共场所，如图书馆、球场的盗窃案件中，就有一部分是内部人员作案。这其中有的是为满足自己的过高物质需求和虚荣心而伺机偷窃同学财物；有的是一时糊涂，对同学随便乱放、疏于保管的财物起了贪念；有的是出于羡慕或妒忌，泄愤报复；有的是由于从小就有这些偷摸劣习，无法改掉，甚至已经形成一定的心理疾病，等等。除此之外，还有相当一部分案件非常符合内部人员作案的特点，只是苦于没有证据无法确定嫌疑对象。

相关链接：

校园盗窃：敞开的宿舍大门

二、防盗的基本措施

一般防盗的基本方法是人防、物防和技防。其中"人防"是预防和制止盗窃犯罪可靠有效的方法。对大学生而言，提高防范意识，做好防盗工作，不仅是个人的私事，也是全校师生共同关心的大事。只有人人参与其中，群防群治，才能真正有效地控制和防范盗窃案的发生。在日常生活中，大学生应从以下几个环节加强安全意识的培养，提高防盗能力。

（1）最后离开教室或宿舍的同学，要关好窗户、锁好门，养成随手关窗、随手锁门、随手关灯的习惯，以防盗窃分子乘虚而入。

（2）不要留宿外来人员。大学生应该重礼仪、讲礼貌、热情好客，但绝不能只讲义气、感情用事，而不讲原则、不守纪律。如果违反学校学生宿舍管理规定，随便将不知底细的人留宿，就等于引狼入室将后悔莫及。

（3）发现形迹可疑的人应提高警惕、严加注意。遇到可疑人员，同学们应主动上前询问，如果他说不出正当合理的理由，神色慌张，疑点较多，则需要进一步盘问，必要时还可请他出示证件。

（4）积极参加教室和宿舍等部位的安全值班，协助学校保卫部门做好安全防范工作。通过参加值班、巡逻等安全防范工作实践，不仅可保护自己和他人的财物安全，还可增强安全防盗意识，增长社会实践经验。

（5）注意保管好自己的钥匙，包括教室、宿舍、箱包、抽屉等处的各种钥匙，不能随便借给他人或乱丢乱放，以防"不速之客"复制或伺机行窃。

三、易盗物品的防盗措施

（一）现金

现金是一切盗窃分子图谋的首选对象。最好的保管现金办法就是将其存入银行。尤其是数额较大时，更应及时存入银行并设置密码。密码应选择容易记忆且又不易解密的数字，千万不要选用自己的出生日期做密码。这是因为，一旦存折、信用卡丢失，很容易被熟悉的人冒领现金。同时，如果身份证与存折、信用卡一同丢失时，也很容易被人冒领。要特别注意的是，存折、信用卡等不要与自己的身份证、学生证等证件放在一起。

在银行存取款或在自动取款机取款时要注意密码的保密。发现存折、信用卡丢失后，应立即到相关银行挂失。

（二）各类有价证卡

目前，许多大学生都持有校园一卡通、各种储值卡等。这些有价证卡应当妥善保管，最好是放在自己贴身的衣袋内，袋口应配有纽扣或拉链。所用密码一定要注意保密。在参加体育锻炼或沐浴时，应将各类有价证卡锁在柜子里，并保管好柜子钥匙，一定不要怕麻烦。

（三）贵重物品

贵重物品如黄金饰品、手表、笔记本电脑、平板电脑、数码相机、手机、高档衣物等，暂不使用时，最好锁在抽屉或箱（柜）子里，不能随便放在教室、自习室、图书馆等公共场所，以防被顺手牵羊、乘虚而入者盗走。门锁钥匙不要随便乱放乱丢。价值较高的贵重物品、衣服上最好有意识地做上一些特殊记号，以便被偷走后进行查找。

（四）自行车

近年来，校园内外自行车被盗案件居高不下，已成为社会治安的一大公害。因此，大学生在购买自行车时一定要到有关部门办理落户手续；购买别人的二手车时一定要购买证照齐全的。自行车要安装防盗车锁，并按规定停放。养成随停随锁的习惯。骑车去公共场所，最好花钱将车停放在存车处。当车停放时间较长时，最好加固防盗设施，如将车锁在固定物体上。

 **案例警示**

案例 1

某高校食堂在中午学生就餐时间陆续发生丢失书包的案件 50 余起。该校保卫处经过调查和蹲坑守候，2012 年 6 月某日将正在食堂实施盗窃的某院学生田某当场抓获。经审问，其交代 2011 年 11 月份的一天，在食堂看见有人用书包占座位，书包内有 200 元现金，便见财起意，将书包顺手偷走，过一段时间未见东窗事发，尝到了甜头的他便以同样的手段在食堂、教室、图书馆屡屡作案，共作案 50 余起，盗得现金数千元、手机 5 部，文曲星、随身听多部。

案例 2

某高校保卫处通过调查，将盗取同学存折后取走现金的关某抓获。在审讯时，关某还交代了曾五次到附近寝室"串门"，趁门未锁而室内无人之机，共盗走手机两部、现金1300元、随身听一部的犯罪事实。另外，关某还交代了一次在寝室正欲实施盗窃时，该寝室回来人而盗窃未遂，便借口"串门"稍做交谈后溜走。

案例 3

2015年10月16日17时许，北京某高校两个班级男生在球场进行篮球比赛，不少同学将手机放在衣服口袋中，衣服便放在篮球架下面和球场旁。18时许，李某某因有事要离去，拿起衣服，发现衣服口袋里的手机被偷，接着其他同学去检查自己的衣服，多名同学也发现手机和钱包被偷，共被窃手机3部，钱包2只。报案后在学校监控中显示，作案人也穿运动服，利用拿饮料来掩护，偷取了别人的财物，得手后迅速离开球场。

作案人将作案地点选在体育场，打球时人员混杂，方便行窃和逃离。同学们往往认为个人衣物放在自己的视线范围内就万无一失，于是疏于看管，小偷正是利用这一机会，在学生们的眼皮底下盗窃了他们的物品。该案例提醒我们，运动时要加强防盗意识，最好不要带贵重物品或请专人看管财物，不让小偷得手。

案例 4

某同学报案称其网络账户被人盗用，发生费用5000余元。保卫部门经过调查，查明：此案系一计算机专业学生张某利用自己的专业知识，非法破译该账户名及密码后，用自己的计算机上网时又被同学所看见并记下，之后在别的计算机浏览和下载黄色网站，结果发生高额费用。

案例 5

孟某报案称寝室门和其柜子被撬，共丢失现金150元、CD机一部。保卫部门经过现场勘查，确认门上和柜子上的撬痕均系伪造。此案最终查明系该寝的郑某所为。一日，郑某没带钥匙，便向同寝的孟某借钥匙先回寝。孟某便将自己的钥匙串借给郑某，郑某见有孟某的柜子钥匙，便将孟某的钥匙配了一把。几日后偷偷溜回寝室实施了盗窃并伪造了假现场。

案例 6

王某和其同学秦某到保卫部门报案，王某带密码的存折被人取走3000元。校保卫处经过大量的调查和取证，最终将此案破获，犯罪嫌疑人原来是和王某一起报案的秦某。通过审讯，秦某交代他和王某是很好的同学和朋友，曾两次陪王某到银行取钱，在王某输入密码时，秦某暗自记下，平时又知道王某的存折放在寝室的书桌内。过了几天，秦某趁王某寝室无人之机，将存折盗走后到银行将3000元现金提出。

案例7

长春某高校第三学生公寓一楼的几个寝室同时到学校保卫处报案，有4名学生的衣服、书包等物品在夜间不翼而飞。保卫处接到报案后，迅速组织人员在学校的所有学生公寓附近设伏守候，将盗窃分子刘某抓获。经审讯，刘某同时承认前几次类似案件都是他一人所为。截止到被抓获他已经连续用竹竿"钓鱼"这种方式在学生宿舍作案5起，盗得财物折合人民币近2000元。结果，刘某被公安机关处以劳动教养一年。

第二节　预防诈骗

诈骗是指以非法占有为目的、用虚构事实或隐瞒真相的方法骗取款额较大的公私财物的行为。诈骗一般不使用暴力，而是在一派平和甚至"愉快"的气氛下进行的。随着社会治安环境的日趋复杂，形形色色的诈骗分子往往将思想单纯的大学生锁定为诈骗对象，借结交之机或推销之名，变换手法，施展骗术。提防与惩治诈骗分子，不仅要依靠社会和政府的力量，更要靠大学生自身的谨慎防范。大学生要了解诈骗分子的惯用伎俩，防止上当受骗。

一、大学生易成为被骗对象的原因

长期处于校园生活中的大学生，因生活阅历少、思想单纯、社会经验不足、防骗意识不够等，在受骗案件中往往成为被侵害的重要群体。其容易成为被骗对象，原因主要体现在以下四个方面。

（一）不加选择地结交朋友

当今的大学生大多是从学校走进学校，进入大学后吃住在学校，每天过着宿舍—食堂—教室（实验室）三点一线的生活。大多数学生喜欢结交朋友，但一些同学防范意识差，警惕性不高，从而导致上当受骗。

（二）缺乏社会生活经验和辨别能力

在大学校园里，每个学生都可能遇到一些来访的老乡、熟人、同学，或同学的同学、老乡的老乡、朋友的朋友之类的人。然而，这其中有的是真，有的是假，可许多同学缺乏刨根问底的习惯，在不辨真伪的情况下"宁可信其有不可信其无",而且有些同学常常把他人来访看作个人的一种荣耀,这就给了骗子可乘之机。

(三)疏于防范是大学生上当受骗的主要原因

据资料显示,在校大学生被骗取钱物,绝大多数是由于疏于防范。事实上,很多大学生(特别是新生)热情奔放,性格直率,经历的事情少,缺乏处世经验,防范能力也比较差,多数人直到发现被骗后才追悔不已。

(四)求人办事,成事心切,从而导致上当受骗

一个人生活在社会之中难免求人相助。在校大学生涉世不深,有时为了办事而轻率交友行事,再加上辨别是非的能力不足,很容易上当受骗。据了解,当前大学生容易被利用的心态一般为:急于求成,爱慕虚荣而无戒备之心;想经商助学而缺乏资金和经验;想找到理想的工作单位而又没有门路;不经过自己劳动而想摇身一变成为富翁等。这都是易导致上当受骗的诱发心理因素。

二、校园诈骗案的常见骗术

当前诈骗活动形式多样,作案手段不断翻新,大学生们应擦亮眼睛,提高警惕,预防骗术发生在自己身上。校园诈骗案的常见骗术有以下几种。

1. 假冒身份

诈骗分子常利用假名片、假身份证或用骗取及捡到的身份证,在银行设立账号,实施诈骗,并利用赃款购物,重复作案。如果暴露,最先被追查的往往是身份证的主人。

2. 求职诈骗

诈骗分子常利用部分大学生急于就业或出国等心理,应其所急,骗取介绍费、押金、报名费等。

3. 贪利求廉

有些诈骗分子利用部分大学生贪图便宜的心理,以高利集资为诱饵,使其上当受骗。也有诈骗分子利用部分大学生追求物美价廉的特点,上门推销产品,以次充好,欺骗大学生。如果学生宿舍无人,他们也可能顺手牵羊,窃取财物,然后溜之大吉。

4. "意外之财"诈骗

诈骗分子常在选定的行骗目标面前"拾获"贵重物品,并提出平分的要求,以先垫付现金为名套取受害人的钱财,然后借机调包并逃之夭夭。

5. "交友"诈骗

诈骗分子常利用各种机会与大学生拉关系,骗取信任后伺机作案,如通过网上交友骗取信任,而后编造谎言进行诈骗。

6. 电信诈骗

诈骗分子常利用学生的公开信息资料，对学生家庭进行诈骗，谎称学生在学校受到意外伤害，需要继续汇款治疗，对学生家长及亲属进行诈骗。诈骗分子还会经常群发一些欺诈短信，如"你中了某某奖""你被邀请参加某某活动"等，以此引诱缺乏阅历与警惕心的学生上钩，条件是要通过汇款、转账等方式，交纳一定的"手续费""奖金税"和"工本费"。

7. 网络诈骗

诈骗分子在网上发布招聘、信贷、代刷代购、刷信誉赚钱等虚假信息，以收取相关费用为由实施诈骗。

相关链接：
校园兼职成诈骗重灾区

三、警惕校外街边骗局

近年来，在诸多诈骗案中，马路骗子屡屡得手，在受骗的人中年轻人占大多数，其中不乏在校大学生。因此，作为在校大学生应特别注意提防马路骗子。

不要在马路上向无证摊贩购买自己不了解合理价格和质量标准的商品。不要听信货摊周围有人叫好、喊便宜，甚至争先恐后去抢着买，说不定他们就是所谓的"托"。

提防魔术行骗。许多魔术行骗看似公平，实则暗藏机关，一般人看不出他做的手脚。如果稍有不慎，行骗者就有可乘之机，让你尝点甜头后，把你宰得头破血流。因此，遇到摆摊的魔术，一定莫入圈套。

不要轻易参与骗子的游戏活动。骗子的意图有时很容易被人看破，但是他往往利用人们的好奇心理或参与心理引你上钩。如一些马路骗子在街头巷尾摆设的游戏，他总是先引诱你参与，设法使你在参与中享受到乐趣，尔后诈骗你的钱物。

警惕骗子利用封建迷信诈骗。一些骗子利用看病、算命骗钱，利用想尽快看好病的心理引你上当，心甘情愿地拿钱去"看病"，其实得病就要去正规医院诊治，不要被迷信迷惑。

四、遭遇诈骗时的应对措施

（一）观察判断，有效识别

诈骗分子总是心虚的，因此大学生在交往过程中一旦发现对方有疑点，就应当果断采取应对的措施，切不可轻率从事，受骗上当，应观察判断，有效识别。

在发现对方疑点时，要保持清醒的头脑，仔细地观察对方的神态表情、举止动作的变化，辨别对方的言谈真伪，查看其所持的证件以及有关材料与其身份是否吻合。必要时可以找同学或相关人员商量，听取他人的意见和忠告，或者通过对方提供的电话、资料予以查证核实。

（二）巧妙周旋，有效制止

在发现疑点无法确定真假而又不愿意轻易拒绝时，要有礼有节，采取一定的谈话、交往策略，注意在交往中发现破绽，通过与其周旋印证自己的猜测。必要时，还可以采取一些威胁的言辞，使对方心存顾忌，不敢贸然行事。

（三）平静内心，及时报案

受害人无论是否因为自己的过错（如贪财、无知、轻信、粗心大意）而受骗，都要保持积极的心态，从受骗的噩梦中回到现实，吸取教训，及时向有关部门报告，切勿"哑巴吃黄连，有苦肚里咽"。

（四）提供线索，配合调查

已经被骗并向有关部门报告的，要注意对诈骗分子遗留下来的文字资料、身份证件、电话号码等证据予以保留，并积极向学校保卫处和公安部门提供诈骗分子的体貌特征、与其交往的经过等线索以配合调查，协助公安机关在诈骗分子可能出现的地点进行秘密寻找和辨认，一旦发现立即将其扭送到公安机关，以便及时追缴被骗的财物。

 **拓展阅读**

防骗十二招

1. 凡网上兼职刷单的，一律不信。
2. 凡接中奖、退税、欠费电话的，一律不理。
3. 凡高息诱惑理财的，一律不贪。
4. 凡网上购物非正规官网的，一律不登。
5. 凡冒充港澳台人士求助的，一律不睬。
6. 凡QQ、电话冒名领导、老师、亲友要钱的，一律不给。
7. 凡不认识的人索取银行信息的，一律不说。
8. 凡不认识的人要你转账的，一律不转。
9. 凡是要求网上输入银行卡账号及密码的，一律不输。
10. 凡不明的网址链接，一律不点。
11. 凡未经核实的商品代理或组织营销的，一律不入。
12. 凡电话办案要求配合的，一律不怕。

案例警示

案例 1

一男同学王某报案称：在校门附近遇到两个年龄在 20 岁左右的女子，他们主动与该同学搭话，自称是南京医科大学的学生，因为与家里发生矛盾而出走武汉，钱已经用完。得到王某的同情后，便向王某借手机假意往家里打电话，并打开免提让王某接听，之后以吃住急需用钱为由，向王某借钱，称家里明天会将钱汇还到王某银行卡上，并给王某留下一个假电话，从而骗得王某人民币 1000 元。当第二天王某用留的假电话与其联系时，方知受骗。接到报案后，保卫部门立即布控，几日后将欲再次作案的上述两名诈骗团伙的成员姜某及其弟弟抓获。

案例 2

某校应届毕业生董某，为了能找到理想的工作，又缺少门路，四处奔波。经过托人再托人，结识了一位自称与理想单位领导的儿子是好朋友的胡某。胡某声称只要交上 800 元介绍费，保证没有问题。董某写信向父母要来 800 元介绍费交给胡某。胡某钱一到手就再也没了踪影。

案例 3

王某通过寝室姐妹认识了一位风流倜傥、谈吐不俗的邻校大学生周某，之后周某经常约王某到市内一些娱乐场所游玩，经常请王某吃饭并给王某买小食品和衣物，两人很快就坠入爱河。过了一段时间后，周某突然对王某说家里发生了一些事，向王某借钱，王某很爽快地答应了。一次、两次……半年内，周某共从王某处借走了 6000 多元，王某觉得越来越不对劲，就去找邻校的周某，结果见到他正和另一个女孩亲亲热热。王某哭着跑回寝室后对同学说明了情况，在同学的鼓励下，王某向公安机关报了案。公安机关经过查证，周某说的家里有事是骗王某的，周某通过这样的手段曾与几个女孩建立了恋爱关系并骗得钱物。

案例 4

张某到保卫处报案，一男子给其母亲打电话，自称是张某的同学，张某在校外被车撞伤入院治疗，现急需 3500 元，并给张某的母亲一个账号，让其母亲往这个账号汇款。张母听后非常着急，又因其提供的张某自然情况和地址完全一致，张母确信不疑，便往那人提供的账号上汇了 3500 元。半天后，张母往张某的寝室打电话询问张某的病情并准备到学校看望张某时才知被骗。

案例 5

陈某到学校保卫处报案称：前几天收到一条手机短信，内容是陈某的手机号在某公司举行的 SIM 卡抽奖活动中获得了一等奖，有丰厚的奖品，让他通过所留下的咨询电话号码（手机号）与该公司联系领取奖品的事宜。在陈某与对方联系时，对方告诉他中的是一台电脑，公司将按所提供的地址给陈某邮去，但要先将邮寄费、个人所得税等费用共计 1000 元汇到公司的账号上，收到汇款后即邮寄电脑。陈某信以为真，便往对方提供的账号上汇了 1000 元，过了两天，当陈某打电话询问是否收到汇款时，对方告诉陈某，由于公司职工弄错了，他中的是特等奖，奖品是一辆价值 30 余万元的汽车，让他补交邮寄费、个人所得税等几项费用 26000 元，款到发货，陈某向同学借钱再次汇了款。但等了一段日子也没有到货，当陈某再打电话询问时，那个手机已经停机。陈某才觉得可能上当被骗，遂决定报案。

案例 6

长春一高校学生李某寒假乘公共汽车回家，遇车上有两男子叫卖皮衣，称原价 1800 元，现价 680 元。随即便有两人每人付 680 元各买了一件。李某看其所卖皮衣油黑发亮，手感也挺细腻，便欲买一件赠予哥哥。在与卖衣人讨价还价过程中，卖衣人说，如果诚心买的话 500 元就卖，如果买两件就 800 元。李某高兴地付了 800 元买了两件，到家后才知是假皮衣。

案例 7

山西某大学一女研究生韩某在由宿舍去教室的路上，遇一男子，该男子自称是该校学生处的工作人员，他告诉韩某说："你的学费还没有交"。韩某感到很奇怪，并说："我的学费已经交了"。对方让韩某随其到办公室核对，韩某未加思索便被对方领到一地下室强奸杀害。据该罪犯交代，他已利用这种手段强奸女大学生多人。

案例 8

陈某是温州高校大三学生，眼看要毕业了，可是大一时挂的几门课还没补考。陈某上网之时认识了一名自称是"黑客"的人，称能侵入其校园网络，帮助陈某修改成绩。陈某轻信了该"黑客"的说法，先后给该人汇款 2700 元。在发现成绩没有变动后，陈某联系该"黑客"，"黑客"却早已人间蒸发。

案例 9

某大四学生在招聘会上应聘了一家科技公司，经过简单面试，被通知下午去公司复试。下午到公司后，该招聘人员找了一间办公室，给"经理"打电话。过了一会，该招聘人员以手机没电与信号不好为由，借用了该大学生的手机出去打电话，然后再也没有回来，致使该大学生的手机被骗走。

案例 10

2015 年 5 月，郑州某高校大学生小赵网购了一个充电宝，不久就接到自称是"卖家客服"的电话。对方告知小郑，由于系统临时维护升级，小郑的订单失效，需要他填写退款协议办理退款。小赵便通过 QQ 打开了对方发来的退款链接，并按照提示输入了银行卡号、密码、身份证号、手机号及短信验证码等信息。结果，到晚上便发现自己的银行卡号被消费了 3000 元。

案例 11

2016 年高考，徐某某以 568 分的成绩被南京邮电大学录取。8 月 19 日下午 4 点 30 分左右，她接到了一个陌生的电话，对方声称有一笔 2600 元助学金要发放给她。在这通陌生电话之前，徐某某曾接到过教育部门发放助学金的通知。"18 日，女儿接到了教育部门的电话，让她办理了助学金的相关手续，说钱过几天就能发下来。"徐某某的母亲由于前一天接到真正教育部门的电话，所以当时他们并没有怀疑这个电话的真伪。

按照对方要求，徐某某将准备交学费的 9900 元打入了骗子提供的账号。发现被骗后，徐某某万分难过，当晚就和家人去派出所报了案。在回家的路上，徐某某伤心欲绝，最终导致心脏骤停，虽经医院全力抢救，但仍没能挽回她 18 岁的生命。

经审查，2016 年 7 月初，犯罪嫌疑人陈某租住房屋，购买手机、手机卡、无线网卡等工具，从犯罪嫌疑人杜某手中购买五万余条山东省 2016 年高考考生信息，雇佣郑某、黄某冒充教育局工作人员以发放助学金名义对高考录取生实施电话诈骗。其间，郑某峰又与陈某商议，由郑某峰负责提取诈骗所得赃款。在得到"得手后抽成 10％好处费"的约定后，郑某峰联系陈某地，由陈某地向郑某峰提供多张用于实施诈骗的银行卡。

2017 年 7 月 19 日上午，山东省临沂市中级人民法院对被告人陈某、郑某峰、黄某、熊某、陈某生、郑某、陈某地诈骗、侵犯公民个人信息案一审公开宣判，以诈骗罪判处被告人陈某无期徒刑，剥夺政治权利终身，并处没收个人全部财产，以侵犯公民个人信息罪判处其有期徒刑五年，并处罚金人民币三万元，决定执行无期徒刑，剥夺政治权利终身，并处没收个人全部财产；以诈骗罪判处被告人郑某峰有期徒刑十五年，并处罚金人民币六十万元；以诈骗罪判处被告人黄某有期徒刑十二年，并处罚金人民币四十万元；以诈骗罪判处被告人熊某有期徒刑八年，并处罚金人民币二十万元；以诈骗罪判处被告人陈某生有期徒刑七年，并处罚金人民币十五万元；以诈骗罪判处被告人郑某有期徒刑六年，并处罚金人民币十万元；以诈骗罪判处被告人陈某地有期徒刑三年，并处罚金人民币十万元；责令各被告人向被害人退赔诈骗款项。

第三节　预防抢劫和抢夺

抢劫是指以非法占有为目的，以暴力、胁迫或者其他方法施行的将公私财物据为己有的一种犯罪行为。抢夺是指以非法占有为目的，趁人不备，公然夺取他人的财物。这两类犯罪行为都侵害了他人的财产及人身权利，而且容易转化为凶杀、伤害、强奸等恶性案件，严重威胁他人的生命安全，对受害人造成生命、健康及精神上的损害，比盗窃犯罪的危害性更大。这两类犯罪行为在大学校园里远比盗窃行为发生得少，但也有可能发生，因此同样必须积极防范。

一、大学校园抢劫与抢夺案的特点

受校园环境的制约，发生在校园内的抢劫与抢夺案件具有以下特点。

（一）时间上的规律性

高校抢劫和抢夺案一般发生在夜深人静、行人稀少及学校开学时，具有一定的规律性。因为在夜深人静、行人稀少时，学生们往往孤立无援，而犯罪分子却人多势众，易于得手；学校开学时，学生们一般带有一定数量的现金，特别是新生入学时，有的新生及家长带有较大数额的现金，为犯罪分子所垂涎。

（二）地点上的隐蔽性

抢劫和抢夺犯罪分子作案，一般选择校园内较为偏僻、阴暗、人少的地带，一般为树林中、小山上、远离宿舍区的教学实验楼附近、无路灯的人行道、尚未交付使用的建筑物内，或校园周边地形复杂、人少及夜间无路灯的地段。因为这些地方犯罪分子比较容易隐藏，不易被人发现，得手后也容易逃脱。

（三）目标的有针对性

犯罪分子抢劫的主要目标是穿着时髦、携带贵重财物，特别是孤身行走的女生、看电影或晚自习晚归无伴或少伴的、谈恋爱滞留于阴暗无人地带的大学生情侣等。抢夺往往选择一人步行或骑自行车的女学生下手，抢夺她们的背包或手提包。

（四）人员上的团伙性

犯罪分子一般为校内或学校附近不务正业、有劣迹的学生、小青年，这些人往往臭味相投，三五成群，结成团伙，共同实施抢劫。他们一般熟悉校园环境，作案时胆大妄为，作案后易于逃遁。他们作案时有明确的分工，有的专门负责踩点及物色抢劫对象，有的专门充当打手，有的在抢劫前进行周密的谋划。近几年，随着校园内流动人口的增多，外地人员流窜作案的案件也在增多。

（五）手段上的多样性

犯罪分子实施抢劫的手段通常有：抓住部分同学胆小怕事的心理，对受害人进行暴力威胁或言语恫吓，实施胁迫型抢劫；利用部分同学思想单纯，设计诱骗其上当，实施诱骗型抢劫；犯罪分子采用殴打、捆绑等行为实施暴力型抢劫；利用大学生热情好客等特点，冒充老乡或朋友，骗得学生的信任，继而寻

图 5-2 警惕"飞车"抢夺

找机会用药物将学生麻醉，实施麻醉型抢劫等。抢夺主要以"飞车抢夺"为主，所有"飞车抢夺"均为两人合伙作案，一般为两个人骑一辆摩托车（通常是无牌、假牌或遮盖车牌的赃车）在自行车道上作案，在靠近目标之后，坐在车后的人在瞬间伸手去抢夺目标的手提包，而后迅速逃离。

二、抢劫与抢夺的预防

根据发生在大学校园中抢劫与抢夺案件的特点，为预防抢劫和抢夺案的发生，必须做到以下七点。

（1）外出时不要携带过多的现金或贵重物品，特别是经过抢劫、抢夺易发生的地段时。如果因需要必须携带大量现金或较贵重物品，可请同学随行。

（2）现金或贵重物品最好贴身携带，不要置于手提包或拎包内。

（3）不外露或向人炫耀现金、贵重物品，应将现金、贵重物品藏于隐蔽处。

（4）尽量不要在午休、夜深人静时单独外出，特别是女同学；不要在僻静、阴暗处行走、逗留。如必须通过僻静、阴暗处，最好结伴而行，或者携带一些防卫工具。

（5）一旦发现有人尾随或窥视，不要紧张或露出胆怯神情，可以大胆回头多盯对方几眼，或哼首歌曲，或大叫同学、老师的名字，并改变原定路线，立即向有人、有灯光的地方奔跑。

（6）女生独自外出或回校，穿着不要过于时髦、暴露。不要单独滞留或行走在偏僻、阴暗处。

（7）外出上街时，将手提包或拎包置于身体前面，并用手抓住防止被抢夺。

三、遭遇抢劫或抢夺时的应急措施

万一遭遇抢劫或抢夺，要努力保持镇定，克服畏惧、恐慌情绪，冷静分析自己所处的环境，对比双方的力量，针对不同的情况采取不同的对策。

1. 高声呼救

无论在什么情况下，遇到抢劫时只要有可能就要大声呼救，或故意高声与犯罪分子说话，使犯罪分子心惊胆战，这样对方放弃作案的可能性将大大提高。

2. 尽力反抗

只要具备反抗的能力或时机有利，要根据情况发动进攻，以制服或使犯罪分子丧失继续作案的心理和能力。

3. 拖延时间

可利用有利的地形和身边的木棒、砖头等足以自卫的武器与犯罪分子形成僵持局面，使犯罪分子短时间内无法近身，拖延时间，以便引来援助者，并对犯罪分子造成心理上的压力。

4. 麻痹案犯

当已处于犯罪分子的控制之下而无法反抗时，可按犯罪分子的需求交出部分财物，并理直气壮地对犯罪分子进行说服教育，晓以利害，从而造成犯罪分子心理上的恐慌。切不可一味地求饶，应当尽力保持镇定，与犯罪分子说笑斗口，采取默认方式表明自己交出全部财物、无反抗的意图，使犯罪分子放松警惕，以便自己看准时机进行反抗或逃脱其控制。

5. 采用间接反抗法

趁其不注意时在犯罪分子身上留下记号，如在其衣服上擦点泥土、血迹，在其口袋中装点有标记的小物件，在犯罪分子得逞后悄悄尾随其后注意逃跑去向等。

6. 记住特征

注意观察犯罪分子，尽量准确记下其特征，如身高、年龄、体态、发型、衣着、胡须、语言、行为等特征。

7. 及时报案

犯罪分子得逞以后，很有可能继续寻找下一个抢劫目标，甚至还可能在作案现场附近的商店、餐厅进行挥霍。及时报案并准确描述犯罪分子的特征，有利于公安部门及时抓获犯罪分子。

相关链接：

遭遇持械抢劫的应急处理

案例警示

案例 1

2015 年 5 月 19 日晚上，某高校学生王某从网吧返回学校，此时路上已经行人稀少。"往哪儿走！"就在王某埋头往学校赶的时候，两名男子突然从路边跳了出来。"你在外面得罪人了，对方出了 3000 元，要我们来卸你胳膊！"两名男子恶狠狠地对他说。"我没有得罪什么人啊，你们认错人了吧？""我们不管，拿别人钱，就要替别人办事。"两名男子没有放走王某的意思。"别伤害我，我身上有500 元，全部给你们！"王某主动妥协了。"跟我们走，让你的朋友和亲戚再打点钱。"晚上 11 时 30 分左右，两名男子将王某挟持至一家宾馆。在宾馆内，王某通过亲朋好友，最终筹足了 2000 元，并将钱汇进两名男子指定的账户里。两天后，两名男子又用同样的方式抢劫了另一位大学生江某 1500 元。警方经过缜密侦查，终于将两个 90 后犯罪嫌疑人抓获。

该案发生在夜晚行人稀少的路上，被抢的同学缺乏足够的防范意识，深夜单独行路，远离人群，被抢后连报案的机会都没有，更不用说是等待救援了。案件提醒我们，在僻静的地方最好和其他同学结伴而行，尽量不要深夜出门。在遇到抢劫时，可将少量的钱物交出，稳住犯罪嫌疑人，避免更大的人身伤害，并伺机及时报警。

案例 2

某高校的一对恋人，吃完晚饭在学校的林荫小道漫步，不知不觉地天色已黑，两人又在远离人群的路边坐下聊天，突然窜出三个歹徒，强行将二人的书包、现金、手机等物品抢走。

他们被抢的原因一是没有防范意识，以为学校院内就是安全的地方。二是远离人群，被抢后连报案的人都没有，更不用说是救援的人了。三是逗留在无人的地方，给歹徒作案的机会。

第六章

消防安全

　　大学校园是人员高度聚集的场所，教学仪器、科研设备、易燃品多，用电量大，学生宿舍密集，一旦发生火灾事故，往往会造成人员伤亡和重大财产损失。消防安全作为学校公共安全的重要组成部分，是构建平安校园、和谐校园的重要保障。懂得火灾预防和学会火场逃生，可以从根本上减少或避免校园火灾事故的发生以及人员的伤亡。

第一节　认识校园火灾

　　火灾是指在时间和空间上失去控制的燃烧所造成的灾害。火灾是在可燃物、助燃物、着火源三个条件同时具备并相互作用又无法控制的情况下发生的。掌握引发火灾的火源及火灾产生的原因，才能采取正确的预防和处置措施，有效地防止火灾的发生和减少火灾导致的损失。

一、火灾的类型

　　按起火原因的不同，火灾可分为以下四种类型。

（一）生活火灾

图 6-1　火灾中被烧毁的学生宿舍

　　生活用火一般是指人们的炊事用火、取暖用火、照明用火、吸烟、烧荒、燃放烟花爆竹等，由生活用火造成的火灾称为生活火灾。生活用火造成火灾的现象屡见不鲜，原因也多种多样，主要有：在房间内违章乱设燃气、燃油、电器火源；火源位置接近可燃物；乱拉电源线路，电线穿梭于可燃物中间；违反规定存放易燃易爆物品；使用大功率照明设备，用纸张、可燃布料做灯罩；躺在床上吸烟，乱扔烟头；在室内燃放烟花爆竹；玩火等。

（二）电气火灾

　　一些电器设备，大到电视机、电脑、录音机，小到台灯、充电器、电吹风，如果质量不合格或使用不当，很容易引起火灾。另外，在使用燃气、煤气过程中，如果方法不当，或是忘记关掉开关、燃烧时间过长，也会发生火灾。

（三）自然现象火灾

　　自然现象火灾不常见，这类火灾基本有两种：一是雷电；二是物质的自燃。

　　（1）雷电是常见的自然现象，它是大气层运动产生高压静电再放电，放电电压有时达到几万伏，释放能量巨大，当作用于地球表面时，具有相当大的破坏性。它产生的电弧可成为引起火灾的直接火源，摧毁建筑物或窜入其他设备引起多种多样的火灾。预防雷电火灾就必须合理安排避雷设施。

　　（2）自燃是物质自行燃烧的现象。例如，黄磷、锌粉、铝粉等燃点低的一类物质在自然环境下就可燃烧；钾、钠等碱金属遇水即剧烈燃烧；不干燥的柴草、煤泥、沾油的化纤、棉纱等大量堆积，经生物作用或氧化作用积聚大量热量，使物质达到自燃点而自行燃烧发生火灾。

（四）人为纵火

纵火都带有目的性，一般多发生在晚上夜深人静之时，有较大的危害性。有旨在毁灭证据、逃避罪责或破坏经济建设等多种形式的刑事犯罪分子纵火，还有旨在烧毁他人财产或危害他人生命报私仇的纵火等。人为纵火是国家严厉打击的犯罪行为。

随着社会的发展，社会财富日益增多，加上各种新设备、新材料的大量应用，用火、用电、用气范围日益扩大，潜在的火灾危险因素越来越多，火灾的危害性也越来越大。火灾已成为各种灾害中发生频繁且毁灭性较大的灾害之一，一旦发生极易危及人的生命，造成财产损失，影响正常的工作、生活和学习秩序。

相关链接：
火灾分类国家标准

二、校园火灾的主要原因

（一）电气设备老化及超负荷运行引起火灾

一些高校的学生宿舍楼使用年限较长，楼内电线老化，加上原设计负载有限，而学校的发展使宿舍人数及电器设备增多，用电量明显增加，用电线路却没能得到及时更新改造。如果宿舍内有人违章使用电热器具，就会使宿舍的电线超负荷运行，继而发生跳闸停电、烧毁保险丝等情况，甚至造成火灾事故。

（二）乱接乱拉电源线引起火灾

乱接乱拉临时电源线是学生集体宿舍中较为常见的不安全因素之一。所谓乱拉电线，就是不按照安全用电的有关规定，随便拖拉电线，任意增加用电设备，这样做是很危险的。这些电线有的架在床上，有的放在桌边，有些则埋在蚊帐里或被子下的床沿上。接线不规范、接头或线径不符合安全用电要求，极易造成短路、负载或电阻过大等而引起电线发热着火，这也是高校中较常见的火灾现象之一。

（三）使用电热器具不当引起火灾

随着社会经济的发展，大学生的学习、生活条件明显改善，部分大学生开始违章使用大功率电器。尽管学校三令五申要注意用电安全，不得使用大功率电器设备，但是学生中使用电炉、热得快、电热壶、电饭锅、电熨斗等电器的现象仍然普遍存在。有的宿舍冬天用电暖气取暖，用热得快烧水。由于长时间通电（有时外出忘记关电源），或使用、放置不当，致使电器温度升高而点燃附着的可燃物，这类火灾在学生宿舍中较为常见。

还应该注意的是，许多同学都买了小型充电宝，以方便随时给手机充电，但个别同学充电时，随意将充电宝放在宿舍的床铺、枕头或书本上，人却离开了，结果因充电时间过长，引起充电宝过热，造成短路，产生火花，引燃床上用品，从而造成火灾。

（四）计算机等高科技设备引发火灾

随着科技与教育事业的发展，现在大学生宿舍中计算机的使用越来越普遍，这一方面提高了学生运用现代化科技产品的能力；另一方面也为学生宿舍的消防安全埋下隐患。

（五）照明灯具太靠近可燃物引起火灾

学生宿舍一般都安装有明亮的日光灯，基本上能满足大学生学习和生活的需要，但仍有相当一部分学生喜欢安装床头灯。个别人对白炽灯泡（特别是较大功率的灯泡）表面温度很高的事实认识不足，用纸做灯罩，有的将灯泡靠近衣服或蚊帐，更有甚者用灯泡取暖，将灯泡放在被子里，这种因错误使用白炽灯而引起火灾的事故也时有发生。

（六）点蜡烛、蚊香引起火灾

停电或晚上统一熄灯的学生宿舍，会有个别同学图方便而点上蜡烛，如果不小心碰倒或看书睡着了，让明火碰上可燃物，后果将不堪设想。蚊香有很强的燃烧力，点燃后没有火焰，但能持续燃烧，燃烧的蚊香一旦碰到可燃物也会引起燃烧，从而造成火灾。

（七）学生在实验过程中因操作不慎引起火灾

大学生，特别是理工、农林、医科类大学生，在实验室进行实验是必不可少的学习过程，如果操作不慎也极易发生火灾。因此，凡是有化学实验室的高校，要制定严格的化学药品管理制度和化学实验室用电、消防管理制度。化学实验室的管理人员要经过培训后持证上岗，实验人员要注意防火安全，一切操作都要严格按照安全操作规程来进行。

（八）吸烟引起火灾

全国每年因吸烟引起的火灾，占全国每年火灾总数的1％左右。虽然烟头的火源很小，但是星星之火可以燎原。烟头的表面温度可达300℃，中心温度可达800℃，碰到可燃物极易起火。一些人乱扔未熄灭的烟头，一些人喜欢躺在床上吸烟，一些人会把仍燃烧着的香烟放在一边而去干别的事情，这样极易引起火灾。

三、校园火灾的特点

(一)火灾事故突发,起火原因复杂

学校内部单位点多面广,设备、物资存储较为分散,生产、生活火源多,用电量大,可燃物和易燃物种类繁多,工作人员的管理水平不一……造成起火有人为的原因,也有自然的作用,任何环节的疏忽,都有可能造成火灾。从时间上看,学校内火灾大都发生在节假日、课余时间和晚间;从发生的部位上看,多发生在实验室、仓库、图书馆、学生宿舍及其他人员往来频繁的公共场所等存在隐患的部位,或生产、后勤部门及其出租场所,这些部位一旦发生火灾,往往具有突发性。

(二)火灾容易造成巨大的财产损失

高校教学、科研、实验仪器设备多,动植物标本、中外文图书资料多,一旦发生火灾,损失惨重。精密、贵重的仪器设备,往往是国家筹集资金购置的,发生火灾后,很难立即补充,既有较大的有形资产损失,直接影响教学、科研与实验的正常进行,又有无形资产损失,使即将取得的科研成果化为乌有。珍贵的标本、图书资料是一个学校深厚文化积淀的重要标志,需经过几十年、上百年的积累和保存,因火灾造成损失,则不可复得。因而,这类火灾造成的损失极为惨重,影响极大。

(三)高层建筑增多,给火灾预防和扑救工作带来巨大困难

高校因扩招、开办各类成人高等教育,以及高校之间教学、科研的竞争,使各个学校的建设规模都在不同程度上迅速扩大。校园的发展较快,校内高层建筑增多,形成了火灾难防、难救、人员难于疏散的新特点,有的高层建筑还存在消防设备滞后、消防投资不足等弊端,这些都给消防安全管理工作带来了一定难度。

(四)人员集中,疏散困难,火灾往往造成人员伤亡,社会影响极大

高校人口密度大,集中居住的宿舍公寓多,宿舍公寓内违章生活用电、用火现象较多,吸烟现象普遍。因用电、用火不慎而发生火灾后,火势得不到控制会很快蔓延,在人员密度大、影响顺利疏散逃生的情况下,难免会造成人身伤亡。高校是社会稳定的晴雨表,是各类信息的集散地,一旦发生火灾,会迅速传遍社会,特别是出现人身伤亡,会造成极为严重的社会影响。

🕑 案例警示

案例1

2006年12月23日21时15分,河南某大学学生宿舍,因违章使用电热杯,电热杯烧干水后高温引燃可燃物蔓延成灾,烧毁宿舍1间,电脑4部,学生生活

学习用品等物,火灾直接损失约 2 万元,无人员伤亡。2012 年 5 月 20 日,黑龙江省某大学宿舍楼发生火灾,整栋楼内布满浓烟,学生被紧急疏散。经调查,火灾是某宿舍一男生煮面没关火便离开,引燃周围可燃物造成的。

案例 2

2013 年,湖南某学院公寓因某宿舍的学生停电前使用了电吹风,没有拔下插头,离开去上课的期间,宿舍来电致使短路引起了火灾,没有造成人员伤亡。2014 年,连云港市海州区苍梧路某高校的某女生宿舍学生把吹风机放在抽屉里,没有将插头从插座上拔下来,宿舍来电后,吹风机发热引起火灾。连云港市消防支队应急救援中心中队官兵接到报警后,迅速赶往现场扑救火灾。2015 年,山东某大学一学生宿舍因吹风机未断电,宿舍来电后,运行的吹风机引燃了被褥引起火灾,未造成人员伤亡。2015 年,上海某学院宿舍楼 A 楼一学生寝室因电吹风断电之后忘记关闭,再次通电后电吹风过热而引发火灾,经消防人员紧急扑救火情得以熄灭。

第二节 火灾的预防和扑救

有句话说:"居安思危,思则有备,备则无患。"只有未雨绸缪,才能有效防止火灾事故的发生。据公安部统计,近几年我国 80% 的火灾是由各种人为因素引起的,是可以预防和治理的。所以,在校大学生为预防火灾发生,不仅要增强消防安全意识,还要熟练掌握预防火灾的基本知识和技能。

一、火灾预防的主要措施

我们常说:"隐患险于明火,防范胜于救灾。"我国消防工作的总方针就是"预防为主,防消结合"。因此,只要我们在思想上高度重视,在行动上落到实处,就可以有效地预防火灾。

(一)增强消防安全意识

大学生消防知识的贫乏及消防安全意识的淡薄,往往会导致校园火灾的发生。纵观近十年来的校园火灾,绝大多数是因为学生违规使用电器以及随意使用明火导致的。2006 年,某大学男生宿舍起火,就是由于学生离开宿舍时忘记关台灯导致电线短路引发火灾的,所幸没有人员伤亡。而 2008 年上海某学院女

图 6-2 上海某学院女生寝室失火现场

生寝室失火更是血的教训，四名女生为逃生从宿舍楼跳下，当场死亡。起火原因是违规在宿舍使用"热得快"，由于电器发生故障，引燃周围可燃物。这样的教训是惨痛的！只有提高防火安全意识，才会时刻留意身边的火患，控制一切火源；才会把预防火灾放在首位，时刻保持高度警惕；才会主动学习消防知识，掌握防范措施，控制火灾事故的发生。

（二）遵守学校防火制度

近年来，越来越多的高校意识到校园防火的重要性和艰巨性。为了保障学校和师生员工生命财产的安全，各个学校都制定了有关防火安全的管理规定。学校在加强宣传教育、定期检查、明确职责的同时，对广大师生也提出了相关规定和要求，以硬性的制度防范火灾的发生。比如：不得私拉电线、乱接电源，不得未经批准随意增加用电设备，禁止使用电炉、"热得快"；禁止在教学楼、实验楼、宿舍楼、图书馆吸烟；禁止在宿舍使用蜡烛等。绝大多数学生均能遵守规范，但也有极少数学生因为缺乏认识，常常违规而行，导致火灾发生。根据相关统计数据，在校园火灾中绝大多数是大学生违规使用电器或私拉电线造成的。为此，大学生要从中吸取教训，严守校纪。

（三）加强消防法规学习

消防法律法规是指由国家制定的有关消防管理的一切规范性文件的总称，包括消防法律、消防行政法规、国务院部门消防规章、地方政府消防规章以及消防技术规范标准等。消防法第五条规定：任何单位和个人都有维护消防安全、保护消防设施、预防火灾、报告火警的义务。同时《中华人民共和国刑法》第一百一十四条及第一百一十五条，对防火及过失引起火灾的法律责任也进行了明确规定，其中故意纵火的最高刑罚是死刑。

二、校园火灾的预防

消防是社会稳定和经济建设的重要组成部分，也是大学生在校期间应掌握的一门不可或缺的基本知识。因此，大学生必须掌握一定的消防知识，树立消防意识，遵守消防条例，排除消防隐患，杜绝违规行为，养成良好的防火习惯，用自己掌握的消防知识保护自己和他人，最大限度地防止和减少火灾的发生，共同筑就全民消防工程。

（一）学生宿舍防火

学生宿舍是人群居住密度高的地方，防火安全尤为重要。因此，大学生宿舍是高校的重点防火部位之一。为了杜绝大学生宿舍内火灾事故的发生，要做到十戒：一戒私自乱拉电源线路，避免电线穿行于可燃物中间；二戒使用电热器具；三戒使用大功率电器；四戒使用电器无人看管，必须人走断电；五戒明火照明、电器照明或用可燃物做灯罩；六戒床上吸烟、室内乱扔烟头、乱丢火种；七戒室内燃烧杂物，燃放烟花爆竹；八戒室内存放易燃易爆物品；九戒室内做饭；十戒使用假冒伪劣及质量不合格的电器。

（二）实验室防火

实验室一旦发生火灾，财产损失大、人员伤亡大且难以补救，历来是高校的重点防火部位。因此，对进入实验室的人员提出严格要求是十分必要的。实验室里的易燃易爆化学药品遇火或受到摩擦、撞击、震动、高热以及其他因素的影响，即可引起燃烧或爆炸，因而火灾危险性极大。

针对实验室的以上特点，应采取如下消防安全防范措施：做好实验前的充分准备，熟悉实验内容，掌握实验步骤；进行实验时，应严格按实验规程操作，防止因不规范操作造成火灾；服从实验指导老师的指导，严格遵守实验室纪律，禁止在实验室玩耍打闹，防止打坏仪器设备酿成火灾；严禁摆弄与实验无关的设备和药品，特别是电热设备；严禁携带任何火种和其他与实验无关的易燃易爆物品进入实验室，减少实验室致灾因素；严禁闲杂人员特别是儿童进入实验室，防止因外人的违章行为导致火灾；严禁在实验室居住，不能在实验室内及附近使用生活用火，特别是不能使用明火，更不准燃放烟花爆竹，防止引燃室内易燃物和其他可燃物发生火灾；注意电热器的正确使用和保管，不准正在使用的电热器具接近可燃物；严格实验室用电制度，用电及电器安装必须符合国家规定的技术规范；详细掌握实验室内药品的化学特性，严禁将化学性质相抵触的药品混装混放；实验剩余的药品必须按规定处理，严禁带走或倒入下水道。每一名大学生都应时刻保持警惕，强化预防火灾的意识，若发生火灾，应立即扑救，防止火灾蔓延扩大，同时要立即报警。

（三）公共场所防火

随着社会经济的飞速发展、物质文化生活的日益丰富，大学生出入诸如餐厅、KTV、电影院、网吧、健身房等公共场所变得频繁。这些场所往往具有这些特点：人员集中，疏散困难，易造成重大人员伤亡；室内装修、装饰大量使用可燃、易燃材料，火灾荷载大，发生火灾蔓延快，扑救困难；用电设备多，着火源多，不易控制；人员往来频繁，人口密度大，吸烟者多，乱扔烟头、火种现象严重；防火意识普遍不强，管理较松散，这些都是严重的火灾隐患。这些地方往往容易发生重大火灾，极易造成人员伤亡特别是群死群伤的重大事故，因此要特别注意防火。

大学生在出入这些场所的时候，要注意做到：不在这些场所吸烟和随意使用明火；不将无关的易燃易爆物品带入防火重点部位；严格遵守各种安全标志、消防标志的要求，遵守各项防火安全制度，服从消防保卫人员的管理；劝阻违章人员，制止违章行为，维护重点防火部位的消防安全。

（四）正确识别消防标志

国内外实际应用表明，在疏散走道和主要疏散路线的地面上或靠近地面的墙上设置发光疏散指示标志，可以对安全疏散起到很好的作用，更有效地帮助人们在浓烟弥漫的情况下，及时识别疏散位置和方向，迅速沿发光疏散指示标志顺利疏散。常用的消防安全标志有安全出口指示标志、禁止标志和警告标志。

图6-3　常见消防安全标识

三、火灾扑救的主要方法

根据燃烧的基本条件，一切灭火措施都是为了破坏已经形成的燃烧条件，或终止燃烧的连锁反应而使火熄灭以及把火势控制在一定范围内，最大限度地减少火灾损失。火灾通常都有一个从小到大、逐步发展直至熄灭的过程。火灾的初起阶段燃烧面积不大，火焰不高，辐射热不强，烟和气体流动缓慢，燃烧速度不快，是扑救的最佳阶段。及时正确运用各种方法扑灭初起阶段的火灾，是减少火灾损失、杜绝火场致人死亡的最重要一环。灭火的主要方法有隔绝空气灭火法、冷却降温灭火法、可燃物隔离灭火法、化学抑制灭火法等。

（一）隔绝空气灭火法

隔绝空气灭火法是使燃烧物隔绝空气，因缺氧而熄灭。如点燃的蜡烛烧燃了课桌上的纸张、书本等时，不能挥舞拍打，用一条湿润的毛巾覆盖在上面，火就能熄灭；食堂炒菜时，油锅内的油起火，盖上锅盖，就可使火熄灭；电器、煤气着火都可用毛毯、棉被覆盖灭火。使用二氧化碳灭火也是这个道理，二氧化碳比空气重，本身不燃烧也不支持燃烧，可覆盖在可燃物上隔绝空气，使火熄灭。对于赤磷、硫黄、电石、镁粉等化学易燃物引起的火灾，常用干粉、干沙、干土灭火。

（二）冷却降温灭火法

冷却降温灭火法是把水、干冰等直接喷洒在燃烧物上，水、干冰汽化吸收热量降温，且形成水汽、二氧化碳隔绝空气而灭火。一般来说，水是很好的灭火剂，但对于某些物品的失火则不能用水扑救，只能使用专门的灭火器材和设备。如金属钠、钾、钙，碳化钙等遇水会发生反应，产生氢气和热量，引起剧烈燃烧或爆炸。对于轻于水的油类等物质着火，用水扑救会扩大燃烧范围。高压电器设备未断电时，若用水扑救，可能引起导电。其他如精密仪器、高温生产装置失火等都不宜用水扑救。储备有浓硫酸、浓硝酸等物品的仓库失火也不宜用水扑救。

（三）可燃物隔离灭火法

可燃物隔离灭火法是通过把燃烧火源与周围可燃物分离开来达到灭火目的。如森林灭火，常常开辟隔离带，使火势不再蔓延而得以控制；把失火处附近的液化气罐和其他可燃物移开；或把不大不重的着火物移至空旷处，等等。这些都是有效的办法。

（四）化学抑制灭火法

所有的物质燃烧都是通过化学反应进行的，是通过燃烧链的形式不断地发展下去的，因此，切断燃烧的化学链也可以达到灭火的目的。常见的化学抑制灭火法就是使用干粉灭火器，其主要工作原理：一是靠干粉中的无机盐的挥发性分解物，与燃烧过程中燃料所产生的自由基或活性基团发生化学抑制和负催化作用，使燃烧的化学链反应中断而灭火；二是靠干粉的粉末落在可燃物表面外，发生化学反应，并在高温作用下形成一层玻璃状覆盖层，从而隔绝氧气，进而窒息灭火。

四、常用灭火器的使用方法

（一）干粉灭火器的使用方法

干粉灭火器主要适用于扑救各种易燃、可燃液体和易燃、可燃气体火灾，以及电气设备火灾，具体操作方法如下。

（1）右手握着压把，左手托着灭火器底部，轻轻地取下灭火器。

（2）右手提着灭火器到现场。

（3）除掉铅封。

（4）拔掉保险销。

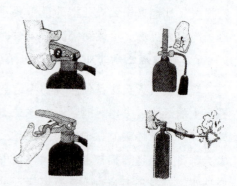

图 6-4 干粉灭火器使用示意图

（5）左手握着喷管，右手提着压把。

（6）在距火源两米左右的地方，右手用力压下压把，左手拿着喷管左右摆动，喷射干粉覆盖整个燃烧区。

（二）泡沫灭火器的使用方法

泡沫灭火器主要适用于扑救各种油类火灾和木材、纤维、橡胶等固体可燃物火灾，具体操作方法如下。

（1）右手握着压把，左手托着灭火器底部，轻轻取下灭火器。

（2）右手提着灭火器到现场。

（3）右手捂住喷嘴，左手执筒底边缘。

（4）把灭火器颠倒过来呈垂直状态，用劲上下晃动几下，然后放开喷嘴。

（5）右手抓筒耳，左手抓筒底边缘，把喷嘴朝向燃烧区，站在离火源8米左右的地方喷射，并不断前进，兜围着火焰喷射，直至把火扑灭。

（6）灭火后，把灭火器卧放在地上，喷嘴朝下。

（三）二氧化碳灭火器的使用方法

二氧化碳灭火器主要适用于各种易燃、可燃液体和可燃气体火灾，还可扑救仪器仪表、图书档案、工艺器和低压电气设备等初起阶段的火灾，具体操作方法如下。

（1）右手握着压把，左手托着灭火器底部，轻轻取下灭火器。

（2）右手提着灭火器到现场。

（3）除掉铅封。

（4）拔掉保险销。

（5）站在距火源两米左右的地方，左手拿着喇叭筒，右手用力压下压把。

（6）对着火源根部喷射，并不断往前推，直至把火焰扑灭。

（四）推车式干粉灭火器的使用方法

推车式干粉灭火器主要适用于扑救易燃液体、可燃气体和电气设备初起阶段的火灾。这种灭火器移动方便，操作简单，灭火效果好。

（1）把干粉车拉或推到现场。

（2）右手握着喷粉枪，左手顺势展开喷粉胶管，直至平直，不能弯折或打圈。

（3）除掉铅封，拔出保险销。

（4）用手掌使劲按下供气阀门。

（5）左手把持喷粉枪管托，右手把持枪把，用手指扳动喷粉开关，对准火焰喷射，不断靠前并左右摆动喷粉枪，把干粉笼罩在燃烧区，直至把火扑灭为止。

相关链接：

灭火器使用方法

 案例警示

案例 1

2006 年 11 月 3 日 8 时 40 分，河南某大学工程楼 14 楼烟草基地消煮室，因研究生在做"土壤缓效钾的测定"实验时，用油浴锅加热石蜡时，温度过高引发火灾；烧毁油浴锅、通风橱柜、电脑显示器及部分烟叶样品，火灾直接损失5000 元。2008 年 11 月 16 日 21 时，中国某大学食品科学与营养工程学院五层动物房发生火灾事故，火灾为学生在实验过程中，用酒精灯消毒时，由于不慎将过热酒精喷溅到操作台上所致。

案例 2

2017 年 2 月 17 日 17 时 43 分，浙江某大学学生宿舍 7 号楼 805 寝室发生火灾，寝室内所有物品全部烧毁，所幸未造成人员伤亡。起火原因：断电的宿舍在没有人员的情况下复电后，因断电前没有关闭的电器，来电后继续启动或电器线路故障引发火灾。2017 年 2 月 21 日 19 时 35 分，杭州某学院嵩阳苑学生宿舍 9幢 517 寝室发生火灾，寝室内所有物品全部烧毁，所幸火灾未造成人员伤亡。起火原因：断电的宿舍内电气设备插于接线板上未拔，复电瞬间引发电气线路故障。

第三节　火场疏散与逃生

　　人的生命是最为宝贵的，火场上必须采取一切措施保护人员的生命安全。身处火场，保全生命是人的本能，但如果逃生无术，往往使人身临绝境，造成伤亡。因此，要以防范为第一要务。在火灾中保全生命，除与消防人员设法营救有关，还与受害者的自救和互救能力，以及是否懂得逃生知识等因素有关。因此，我们每个大学生都应该懂得一定的灭火知识，掌握一定的逃生和互救技巧，在火灾发生时，能够及时扑灭小火，火大时能够沉着冷静，选择有利的时机、路线和方法逃出危险区域，避免造成严重后果。

一、安全疏散

　　安全疏散是指发生火灾时，建筑内所有人员及时撤离建筑物到达安全地点的过程。能否实现安全疏散，取决于许多因素，但从建筑物本身的构造来说，应坚持以下基本原则。

（一）合理布置疏散路线

发生火灾时，紧急疏散的路线应该是安全的。即火场人员从着火房间或部位，跑到公共走廊，再到达疏散楼梯间，最后到达室外或其他安全处的逃跑路径必须是安全的，不能产生"逆流"，坚决杜绝跑到一半，发现行不通又折回的情况。这样不仅延误逃跑时间，而且容易导致疏散人员伤亡。

另外，疏散路线应选择离安全出口、疏散楼梯最近的路线，一般是沿疏散指示标志所指的方向疏散。但如果是着火层，应考虑着火的位置。着火点附近房间的人，应向着火相反的方向疏散。竖向疏散一般先考虑向地面疏散，因为疏散到地面是最安全的。但也要考虑到竖向通道万一被封堵，也可以向楼顶疏散。设有避难间、避难层的高层建筑，可考虑向避难间、避难层疏散。

（二）疏散楼梯的数量要足够，位置要得当

为了保证人们在火灾时能顺利疏散，高层建筑至少应设置两个疏散楼梯，并且设在两个不同的方向上，最好是设置在靠近主体建筑标准层或防火分区的两侧。因为人们在火灾时往往是冲向熟悉的楼梯或出口，但若遇到烟火阻碍就会掉头寻找出路，只有一个疏散楼梯是不安全的。两个疏散楼梯过于集中也不利于疏散。

（三）合理安排疏散顺序

疏散顺序是指先疏散哪部分人员，后疏散哪部分人员。这是制定疏散预案首先要考虑的。一般原则是先疏散着火层，然后是着火层以上楼层，最后是着火层以下楼层。

（四）提前设置疏散指挥

各单位应该提前做好疏散预案，安排布置好疏散指挥，保证疏散过程的有序。整个疏散过程必须在统一指挥下，按照预定的顺序、路线进行，否则就可能造成混乱，影响疏散。总指挥应当在消防控制室，各楼层或防火分区有现场指挥员（或称引导员）。现场指挥员要及时向总指挥报告疏散情况。

（五）避免设置袋形走道

袋形走道的致命弱点是只有一个疏散路线（或出口）。发生火灾时，一旦这个出口被火封住，处在这部分的人员就会陷入"死胡同"而难以脱险。因此，高层建筑应尽量不设置袋形走道。

（六）辅助安全疏散设施要可靠、方便使用

消防安全疏散设施不完善往往影响疏散，因此，高层建筑应根据需要，除设

置疏散楼梯外，增设相应的辅助安全疏散设施，如救生软梯、救生绳、救生袋、缓降器等。这些辅助安全疏散设施要构造简单，方便使用，安全可靠。

二、火场逃生的方法

1. 熟悉环境，记住出口

平时留心各处的疏散通道、安全出口及楼梯方位等，当大火燃起、浓烟密布时，便可以摸清通道，尽快逃离现场。

2. 保持通道出口畅通无阻

楼梯、通道、安全出口等是火灾发生时最重要的逃生之路，应保证畅通无阻，切不可堆放杂物或设闸上锁。

3. 保持镇静，快速撤离

突遇火灾，面对浓烟和烈火，首先要使自己保持镇静，快速判明危险地点和安全地点，决定逃生的办法，千万不要盲目地跟从人流相互拥挤、乱冲乱撞。撤离时，要注意朝明亮处或外面空旷地方跑。当火势不大时，要尽量往楼层下面跑，若通道被烟火封阻，则应背向烟火方向离开，逃到天台、阳台处。

4. 不入险地，不贪财物

生命是最重要的，不要因为害羞或顾及贵重物品，把宝贵的逃生时间浪费在穿衣或寻找、拿走贵重物品上。

5. 简易防护不可缺少

平时应备好防烟面罩，逃生时可用。也可用毛巾、口罩蒙鼻和口，用水浇身，匍匐前进。因为烟气比空气轻而飘于上部，贴近地面逃离是避免烟气吸入的最佳方法。

图 6 - 5　蒙好口鼻，匍匐前进

6. 善用通道，莫入电梯

发生火灾时，要根据情况选择进入相对较为安全的楼梯通道。在高层建筑中，发生火灾时，电梯会因为高温而发生变形，其供电系统随时会断电。此外，电梯犹如贯通的烟囱直通各楼层，有毒的烟雾会直接威胁被困人员的生命。

7. 缓降逃生，滑绳自救

可用身边的绳索、床单、窗帘、衣服自制简易救生绳，并用水打湿，从窗台或阳台沿绳缓滑到下面楼层。

8. 大火袭来，固守待援

大火袭近时，假如用手摸到房门已感烫手，此时开门火焰和浓烟会扑进来。

这时可以关紧门窗，用湿毛巾、湿布塞堵门缝，或用水浸湿棉被蒙上门窗，防止烟火渗入，等待救援人员到来。

9. 发出信号，寻求救援

在逃生无门的情况下，努力争取救援也不失为上策。被困者要尽量待在阳台、窗口等易于被人发现和能避免烟火近身的地方，及时发出求救信号，引起救援人员的注意。消防人员进入室内都是沿着墙壁摸索前进的，所以应在将要失去知觉前，努力滚到墙边，以便于消防人员寻找、营救。

 相关链接：
聚焦 119 之让校园火灾止步

三、火场自救技巧

（一）身上着火时的处理办法

发生火灾时，如果身上着火，千万不能奔跑。因为奔跑时会形成一股小风，大量空气冲到着火人的身上，就像是给炉子扇风一样，火会越烧越旺。此外，着火人乱跑，还会把火种带到其他场所，引燃新的燃烧点。

身上着火，一般总是先烧衣服、帽子，这时最重要的是先设法把衣、帽脱掉，如果一时来不及，可把衣服撕碎扔掉。如果来不及脱衣，也可卧倒在地上打滚，把身上的火苗压熄。如果有其他人在场，可用麻袋、毯子等包裹着火人把火扑灭，或者向着火人身上浇水，或者帮助着火人将烧着的衣服撕下。但是，切不可用灭火器直接向着火人身上喷射，因为多数灭火器内所装的药剂会使烧伤员的伤口产生感染。

如果身上火势较大，来不及脱衣服，旁边又没有其他人协助灭火，附近有水池、河流时，可直接跳入灭火。但不会游泳、不懂水性的人注意不要这样做。

（二）使用毛巾防烟

火灾发生的过程中会产生大量的浓烟，对人体的呼吸道产生强烈刺激，这时应懂得如何使用毛巾防烟，具体应注意以下几点。

（1）毛巾的折叠层数要依毛巾的质地而异，一般毛巾折叠 8 层为宜，这样烟雾浓度消除率可达 60%。

（2）毛巾不必弄湿。

（3）使用时要捂住口和鼻，使过滤烟的面积尽量增大。

（三）发生火灾时人被困在室内的呼救方式

人被大火围困在建筑物内向外呼救，外面的人很难听到。因为熊熊烈火形成一道火围墙，向外呼救实际上是很困难的。此时此刻被困的人应保持冷静，人应卧倒在地面上呼救。因火势顺着气流向上升，在低矮的地方，可燃物已经烧过或还有未燃烧之处，呼救的声波可透过这些空隙向外传出。这样，外界容易听到呼救声，能够及时设法展开营救。

（四）熟睡时听到火警的正确做法

当熟睡时，听到报警信号，许多人都慌张地把门打开，试图一下子冲出去，这种做法很危险，正确的做法是：爬到卧室的门边，用手背试一试门是否热；准备好湿毛巾；自制救生绳索，但切勿跳楼；利用自然条件作为救生滑道。

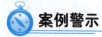 **案例警示**

2015年4月21日凌晨3时13分许，闽南某大学学生公寓5A号楼404宿舍起火。接到报警后，芗城大队桥南中队和金峰中队立即出动5部消防车和18名消防官兵赶赴现场。经过20分钟的奋战，大火被成功扑灭，其间，消防官兵共疏散学生1000余人，火灾未造成人员受伤。

起火宿舍的陈某回忆火灾时仍心有余悸。因为大四的缘故，宿舍平时就只有她和罗某居住，为了驱蚊，临睡前她们点了一盘蚊香。当天凌晨，睡得迷糊的她突然被浓烟呛醒，发现蚊香引燃了书柜，便急忙叫醒罗某并迅速开门到阳台取水扑救，不料明火遇风，越烧越旺，这才赶紧报警求救。

第七章

社会实践和就业安全

　　大学生社会实践、实习及就业是校园生活及刚毕业时社会生活的重要组成部分。由于大学生社会经历不是很丰富，实际工作经验少，面对复杂的社会和工作，往往一心投入实际工作中却忽视了各种潜在的危险。本章主要就大学生在校期间的社会实践和毕业及就业时的一些安全问题进行介绍，帮助大学生提高这方面的安全意识与防范能力。

第一节　社会实践安全

大学生社会实践是高校按照高等教育目标要求，有目的、有计划地组织大学生深入社会、深化教学、服务社会，充分发挥大学生主体作用，依靠社会力量完成的一种贯彻党的教育方针，促进大学生全面发展的教育活动。大学生参加社会实践是大学生把理论运用于实践的有效途径，是大学生提高自身实践能力、创造能力、就业能力和创业能力的主要手段。大学生通过社会实践还可以更好地扩宽自己的视野，为将来就业、创业打下良好的基础，成为建设和谐社会的有用之才。但是，大学生由于安全防范意识和自我保护意识的缺乏，在社会实践的过程中会遇到各种各样的问题，因此掌握必备的安全常识是顺利完成社会实践活动的重要保障。

一、勤工助学安全

大学生勤工助学过程中的安全问题涉及学生、学校、社会等多个方面。但是，作为勤工助学的主体，在校大学生应该增强安全意识，遇到问题时应采取切实有效的处置方法。

（一）认真对待勤工助学

首先，对待勤工助学的态度需端正。作为在校大学生应该认识到，参加勤工助学不光是为了挣钱，更重要的是社会实践和积累经验，因此，工作时应该认真负责，积极钻研，学会应对各种挑战。其次，在勤工助学的过程中态度要谦逊，注意仪表，遇到问题时要保持自身的修养，心平气和地解决问题，若问题较难解决则应该及时向学校勤工助学的部门反映，由他们来解决。

（二）增强安全意识和自我保护意识

大学生在校时间较多，所处的社会环境比较简单，法律意识也相对薄弱。因此，学生要建立起自我防备的心理体系，提高自身心理防线，加强自我保护意识，特别要注意保护自身生命财产安全和保密个人信息，警惕勤工俭学中可能遇到的各种风险，掌握一定的安全防护知识和必备的防范措施，减少针对大学生的恶性犯罪事件的发生。

二、实习安全

近年来，在就业难的社会背景下，大学生实习期间合法权益被侵害的问题日益严重，健全与完善相关法律法规势在必行，大学生也应当举起保护自身权益的旗帜，为自己成长成才营造一个有安全保障的环境。

（一）加强自身法律意识

大学毕业生实习前应该主动学习《劳动合同法》《普通高等学校毕业生就业工作暂行规定》《企业劳动争议处理条例》等与毕业实习密切相关的法律法规和文件，了解自己的权利与义务，明辨毕业实习陷阱。大学生选择实习机会时，还应该把安全问题置于主要的考虑范围之中。申请实习和面试时尽可能对企业进行全面了解，避免高危工作；不轻易交纳任何抵押金和保证金，不抵押自己的证件。实习期间一旦权利严重受损、企业不予解决和弥补时，大学生可以向有关职能部门投诉。

（二）对虚假信息的防范

要从正规的渠道获取相关的实习信息，对信息的内容做进一步的核实、鉴别、分析，屏蔽信息中包含的大量不实成分。在选择实习单位前应该通过向老师和熟人咨询等方式充分了解用人单位的情况，或直接到用人单位核实。

图 7-1　警惕"黑中介"骗局

（三）选择正规的实习单位

在选择实习单位之前可以先对学校就业指导中心提供的各个实习单位的信息做大致了解，选择正规的实习单位。选择的过程中需要注意以下几点：第一，实习单位是否具有有效营业执照复印件和单位介绍信等相关资料；第二，实习单位的招聘岗位必须与营业执照上的业务许可范围相符；第三，若是个人用工，雇佣人必须出具本人身份证及其复印件。此外，学生还应该了解实习单位的工作时间、工作环境、管理形式等。

（四）与企业签订实习保障协议

由于目前就业难的现实状况，大学生本人并不具备要求与用人单位签订实习权益保障协议的主动权。据相关调查，很多用人单位也没有主动与实习生签订保障协议的意识。因此，高校管理者应该有针对性地制定一些规范性实习文件，尽可能让学生和实习单位达成一致；另外，对于学校制定的规章制度，除了要认真研读它的宗旨外，学生还可以根据自己的实际情况向学校提出建议和意见，学校也可把签订实习保障协议纳入实习生进入市场实习的要求中，为大学生的实习创造良好的市场环境。

三、社会实践活动安全

大学生假期社会实践活动安全问题的发生，固然与社会治安形势不好、高校对大学生的安全教育时效性不够、社会实践活动管理制度不够健全等因素有关，但是大学生安全防范意识以及自我保护能力的缺乏等自身层面的问题也是不可忽视的因素。

（一）增强自我安全防范意识

在开展各种社会实践活动前，学生首先要增强自身的安全防范意识，保持一定的警惕心理，保管好个人的贵重财物。集体行动时，队员之间要互相照应，互相帮助，保持密切联系，外出时要结伴而行，要服从团队负责人的指挥，听从安排，自觉遵守实践期间的各种规章制度。在活动期间，如若遇到偷窃、抢劫以及其他意外侵害，应该保持冷静，沉着应对。

（二）做好社会实践前的准备

社会实践前的准备包括：组织准备、资料准备、物质准备、思想准备。首先是组织准备，学生应该在老师的指导和家长的同意下做好组织、安排工作，若是集体的假期社会实践，学生负责人应事先确定人数，联系车辆，明确集合地点、出发时间和结束时间。其次是资料准备，学生应该做好资料的收集、分析、整理工作，多参考相关书籍并向老师请教；还可以事先与当地的负责人联系，收集目的地的详细资料，了解其基本情况，争取得到相关正规单位或部门的支持与帮助。第三是物资准备，有条件的高校可以准备好摄影机、照相机、录音机等。此外，还应该准备日常用药。条件允许的情况下应该统一购买意外伤害保险。最后是思想准备，学生要注意个人的形象，维护好学校的形象，体现出自己的专业素养，在接触其他工作人员时一定要持谦逊的态度，不懂就问。

（三）入乡随俗

不同的地区有不同的民情风俗，作为社会实践活动中的一员，应当尊重当地的风俗，维护乡民利益，不要随便破坏当地的"乡约""村约"等，更不能随意嘲笑和讥讽当地的文化。在公共场合一定要举止得体，与陌生人打交道时要谦逊谨慎，保持分寸。若遇到队员与当地民众争吵的情况，其他同学应当及时制止，必须保持冷静、忍让和克制。

相关链接：
女大学生外出坐车安全

 案例警示

案例 1

女生张某到一家电子产品销售公司上班，整个公司加上老板只有 3 个人。刚到公司，老板庄某对她和另一位新招的女员工很好，早上会给两人准备牛奶，午饭还有水果。没多久，庄某开始对她动手动脚，常常假借关心工作对她做出摸手、摸头的举动。有次她无意中说肩膀有些酸痛，庄某就给她做按摩。在一次拒绝与庄某独处后，庄某将她开除，并拖欠工资不给。

案例2

小张在建筑工地打工。包工头认识他舅舅，所以答应给他的工资比其他工人高。碍于面子，小张没签书面协议。一个多星期后，小张不小心被大石头砸了脚，当即被送去医院。脚伤养了好长时间，也花了不少钱，可包工头却仅仅支付了一个多星期工资和第一天挂号费。

案例3

李同学曾在寝室接到过一个电话，对方自称是某咨询公司的工作人员，正在各高校找暑期工，并解释道，公司是从一个活动的调查表上得知她的电话的。他的语气很有礼貌，在描述了工作性质、报酬之后，还留下了自己的电话号码，说可以给李同学几天时间考虑。李同学考虑再三，决定拒绝。

第二节　就业安全

随着就业形势的日益严峻，广大高校毕业生为了能早日找到一份满意的工作，通过各种方法和途径收集就业信息，发布个人简历。然而，社会上的一些不法分子利用毕业生求职心切的心理和社会经验不足等弱点，采取各种手段诈骗毕业生及其家庭的钱财，甚至对毕业生本人的人身安全构成威胁。目前，大学生就业安全危机指数上升，职场陷阱、骗局增多，且伪装"技术"日益高超，让人难辨真伪，也让大学生受骗规模呈现扩大趋势，受骗率增高，受骗程度加深。对此，大学生应该提高自我防范意识，认清就业过程中常见的陷阱，避免上当受骗。

一、误入传销，自由受限

传销是一种非法牟取暴利的不法行为，一些传销组织为获得利益，抓住大学生急于求职的心理，诱骗大学生加入其中。这些不法的传销组织通常把自己包装成一个实业公司，招聘毕业生工作，在面试时承诺"待遇高，工作轻松，发展前景好"，一旦大学生上当受骗，就通过各种形式的培训，对大学生进行"洗

图 7-2　警惕非法传销组织

脑",甚至限制大学生的人身自由。

当前,非法传销活动猖獗,并且向高校渗透发展。这些非法传销组织具有很强的欺诈性和隐蔽性,不仅危害了青年的成长,而且不利于社会的稳定发展。就业压力大、社会经验不足、力求工作理想化、心智发育不成熟等弱点,使大学毕业生逐渐成为传销组织拉拢加盟的对象,面对传销组织强烈的思想攻势和环境熏陶,一些大学生成为传销理念的支持者和实践者,不仅自己误入歧途,还拉拢亲戚、朋友进入其中。

非法传销组织紧紧抓住大学生的心理特点,以"就业、创业、招聘"为名诱骗大学生从事传销活动,传销组织不仅骗取钱财,还控制大学生的思想。部分学生上当受骗后,被传销组织非法控制,失去人身自由。有的大学生不能清醒地认识传销组织的危害,深陷其中,无法自拔。因此,非法传销给大学生的生命安全带来严重威胁。

二、警惕非法中介的陷阱

当前,很多非法中介,打着为毕业生解决工作问题的幌子,骗取大学生的押金、保证金。大学生选择工作单位时,最好直接与用人单位接触,面对面地交流。如果可能,尽量避免中介介入,尤其是那些规模小、没有资质,甚至无正式执照的"劳务介绍所",更不要将自己的有效身份证件,如身份证等,随便交给这些所谓的中介,还要警惕,不能随便在他们提供的文件上签字。这类中介往往在求职者交纳一定数目的中介费后,列出一系列原因,比如以用人单位已招满、不雇用应届毕业生等为借口,不给大学生解决就业问题。实际上这些不法中介只是借用招聘公司来吸引求职者,这些单位一般都不需要招聘新人,甚至有的单位根本不存在。

大学生在求职时要弄清中介是否合法,具体来讲要做到以下四点。

(1)看清对方营业执照,并上网进行查询。验证职业介绍许可证和营业执照是否齐全,是否持证持照经营;看清收费项目和标准,了解是否明码标价等。正规中介除了具有中介许可证之外,一般会将营业执照悬挂在大厅等较显眼的位置。求职的大学生一定要看清对方的营业执照,并了解其经营范围是否与营业执照所列的相符。

(2)一般情况下招聘单位不应向应聘者收任何形式的费用。早在1995年,国家就明确要求用人单位不得以任何名义向应聘者收取报名费、抵押金、保证金等费用。如果确实要收,求职者一定要问清理由,并将这些费用的性质、收取时间、归还时间等都详细地写进协议中。另外,绝对不押任何有效证件。

(3)寻找法律帮助。《中华人民共和国刑法》第二百六十六条规定:诈骗公私财物,数额较大的,处三年以下有期徒刑、拘役或者管制,并处或者单处罚金；数额巨大或者有其他严重情节的，处三年以上十年以下有期徒刑，并处罚金；数额特别巨大或者有其他特别严重情节的，处十年以上有期徒刑或者无期徒刑，并处罚金或者没收财产。本法另有规定的，依照规定。《中华人民共和国民法通则》第八十九条第三款规定：当事人一方在法律规定的范围内可以向对方给付定金。债务人履行债务后，定金应当抵作价款或者收回。给付定金的一方不履行债务的，无权要求返还定金；接受定金的一方不履行债务的，应当双倍返还定金。

（4）警惕皮包公司的陷阱。大学生求职时常常遇到这种情况，就是未向某公司投递过简历，却被通知去面试。安全意识较高的大学生一般会先上网查询该公司是否合法。大多数这类公司都是非法的、不正当的。当接到面试通知，上网查看，就会发现同一个电话、地址可能注册了好几个公司，而且涉及的领域各不相同。遇到这种情况，一定要提高警惕，以免给自己带来不必要的损失。

对于如何警惕这类陷阱，有这两点建议。首先，通过年检鉴别皮包公司。求职的毕业生如果接到一些自己并不了解或者并未投递简历的公司的面试通知，应该事先向工商管理等相关部门查询、核实该公司的真实情况；其次，大学生还可以带上身份证，亲自到当地工商管理部门查询用人单位的年检情况，确定该单位的真实情况后，再做选择。

三、警惕劳动合同中的隐性陷阱

对于求职者来说，签订劳动合同是就业时必须认清的问题。毕业生找到工作后，一定要签订劳动合同，不要相信用人单位的花言巧语，让劳动合同留下空白，这样不利于日后维护自己的合法利益。《中华人民共和国劳动法》明确指出，不管就业期限长短，雇佣双方都应主动要求签订劳动合同。也就是说，就业一定要签订劳动合同。由于工作性质、内容的不同，劳动合同的具体细则也不尽相同，然而有关合同期限、工作内容、劳动报酬、福利待遇、合同双方的权利及责任等基本内容，一般在劳动合同里都要体现。

毕业生在与用人单位签订劳动合同时应该注意以下几个问题。

（1）签订的劳动合同应当合法。

（2）要仔细查阅劳动法对试用期的明确规定。

（3）工作内容中的劳动条件在所签订的合同里应详细写明。

（4）对于毕业生来说，要掌握一些必要的、相关的知识，如法律常识等。

（5）在入职后，要及时与用人单位签订劳动合同。

（6）法律依据。《中华人民共和国劳动法》第十九条规定，劳动合同应当以书面形式订立，并具备以下条款：劳动合同期限；工作内容；劳动保护和劳动条件；劳动报酬；劳动纪律；劳动合同终止的条件；违反劳动合同的责任。劳动合同除前款规定的必备条款外，当事人可以协商约定其他内容。

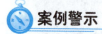

相关链接：

警惕就业协议陷阱

案例警示

案例1

某校机械工程系学生张辉（化名），在2013年5月即将毕业找工作时，通过朋友介绍进入传销组织。一年后，张辉无法返校领取毕业证和学位证，委托同学来领。辅导员与张辉联系时，发现其中不少可疑现象，如张辉的手机经常是他人接听，对方以他开会为由拒绝辅导员与其联系。当联系上张辉时，他在对话中总是出现"提拔、出差"等语句。辅导员与张辉家长联系后，了解到他已经长时间没有和家长联系，而且跟家长索要6000元当作工作的资金周转。辅导员初步判断张辉已经进入传销组织，随后展开积极工作，通过张辉家长、同学对其劝导，使他认清了该组织的欺骗性，找机会向传销组织"辞职"。辅导员定期与张辉谈话，并告知学校有推荐单位，让他辞去现在的工作应聘新的工作。最终张辉脱离传销组织后回到了自己的家乡，通过自己的努力，找到了新工作，开始了新的生活。

大学生误入传销组织，通常原因有对就业工作不重视，未来定位不明确，觉得在哪里工作都一样；对朋友介绍的工作没有认真核实，没有防备心，过于信任对方；被高薪诱惑，社会阅历少，没有树立正确的就业观。本案例中，辅导员针对张辉的情况，重视张辉亲友对其劝导的力量，让家长多掌握学生的信息，然后利用这些信息进行有针对性的劝导，使张辉认清了传销真相并最终脱离传销组织。

案例2

2014年3月某高校五名同学同时到保卫处报案：他们都是大四的学生，前两日，他们中的李某在校门外遇到一男子，向他询问找工作的情况，并自称是某省建设银行的，今年想在该校通过暗访招五名优秀大学毕业生。通过交谈，该男子说觉得李某不错，让他再找几个素质好的毕业生，一起到其住的宾馆面试，合格后就往学校发函，再签协议书。李某回校后，就找到了四名比较要好的同学到某宾馆"面试"。该男子和另一个自称是人事处长的男子说五个人都不错，同意录用，让他们每人先交1000元的"保证金"后回去等通知，他们和学校联系后就签协议，并给李某等五人留了名片。过了两天，李某等人按那两名男子留的名片上的联系方式打电话，准备向这两人询问事情进展的情况时，固定电话说打错了，手机均关机。李某等人这才发现受骗。

第八章

心理健康与安全

　　身处大变革时期的大学生，经历着更加激烈的社会竞争和优胜劣汰的考验，以及多元价值观念的困惑与抉择，同时还承载着社会和家庭的高期望，面临着青春期所固有的各种困惑和烦恼，因此极易出现各种各样的心理问题。许多调查显示，30％～40％的大学生存在不同程度的心理问题，其中15％（或10％以上）的大学生存在严重的心理问题。因心理问题而导致心理疾病已成为大学生休学、退学乃至轻生的主要原因。近年来各高校频繁发生的大学生出走、精神失常、非正常死亡事件更是凸显了部分大学生心理危机的严重性。这种"时代病"也提醒大学生自己要密切关注自身的心理健康。

第一节　大学生心理健康概述

人的生理健康是有标准的，人的心理健康也是有标准的。了解与掌握心理健康的内涵对于增强与维护人的健康有重大意义。大学生掌握了衡量心理健康的标准，才能更好地进行心理健康的自我诊断和自我调适。

一、大学生心理健康的标准

根据国内外有关心理健康的一般标准，结合我国大学生心理健康的实际情况，大学生心理健康的标准可以概括为以下几个方面。

（一）有良好的智力水平

智力是指人认识、理解客观事物并运用知识经验解决问题的能力。正常的智力是大学生学习、生活与工作的前提，也是大学生适应周围环境变化的保证。相比较而言，大学生群体总体智力水平偏高。衡量大学生的智力水平，主要看大学生的智力是否能正常、充分地发挥其效能，是否有强烈的求知欲，是否乐于学习，能否积极参与学习活动。

（二）有积极稳定的心态

通常情况下，一个人的心理健康状况往往会直接从情绪上表现出来。大学生正处在人生的黄金时期，大学校园是莘莘学子的舞台，积极进取，乐观向上，认真学习，努力提升自己各方面的能力，为人生的发展积蓄力量，这是大学生活的主旋律。从总体来看，大学生情绪稳定，乐观积极。但所处人生阶段特殊性，如年龄、心理发展、生活境遇、人生节点，使处在这个时期的大学生情绪起伏波动较大，他们会被学习、生活、交友、恋爱、就业等各种事情所困扰。但必须指出，心理健康的表现并不是没有消极情绪，而是这种消极情绪持续时间的长短或对学习生活影响的程度。心理健康的人总体情绪较稳定，且积极情绪多于消极情绪，能保持积极向上的乐观心态，富有朝气，对生活充满希望，善于控制与调节自己的情绪，既能克制又能合理宣泄，情绪反应与环境相适应。心理不健康的人却容易陷入消极情绪中不能自拔，持续时间很长，甚至严重影响到自己的生活。

（三）有正确的自我认识

心理健康的大学生能够正确地认识自己，客观、全面地评价自己，在自己的生活目标和理想的确定上也能做到切合实际，能把理想的我和现实的我统一。对自己的优点和不足有清醒、正确的认识，能够悦纳自我，扬长避短，接受不完美的自己，并做到自尊、自爱、自强。

（四）有坚强的意志品质

大学阶段虽然没有了高考的压力，但学业的压力、恋爱交友的压力、能力提升的压力、就业的压力等接踵而来，都不同程度地考验着每个大学生，而且在很大程度上，这些压力并非来自教师、家长，而是来源于大学生自己。大学生要想顺利完成学业，提高自己各方面的能力，为将来走向社会打下良好的基础，就必须在大学期间克服种种困难，付出艰苦的努力，用自己良好的意志品质战胜各种困难和诱惑，排除各种干扰，使大学成为历练自己的舞台。

（五）有健全统一的人格

人格完整就是指有健全统一的人格，即一个人的所想、所说、所做都是协调一致的，人格结构的各要素，包括气质、性格、能力、需要、兴趣、爱好、信念等是完整统一的，形成自我同一性，以积极进取的态度把自己的兴趣、需要、目标和行动统一起来。

（六）有和谐的人际关系

心理健康的大学生乐于与他人交往，虽然在学习生活中也会与周围人出现矛盾或摩擦，但能积极寻求解决问题的方法，不会给自己的生活带来太大的负面影响。能以尊重、信任、理解、宽容、友善的态度与人相处，能分享、接受、给予爱和友谊，有稳定的人际关系，拥有可信赖的朋友，社会支持系统强而有力。心理不健康的大学生不善于与别人

图 8-1　大学生之间和谐的人际关系

相处，人际关系经常处于紧张状态，对别人充满敌意，孤僻不合群，离群索居，由于难以处理好人际关系而经常使自己处在内心痛苦挣扎的状态。

二、大学生的心理特征

我国大学生多数处于青年中期（18～24 岁）这一年龄阶段。在这个阶段，个体的生理发育已接近完成，已具备了成年人的体格和生理功能，但其心理尚未成熟。对大学生而言，他们此时所面临的一个重要任务就是促使心理日益成熟，以便成为一个心理健康的成年人。处在这一时期的大学生往往具有以下心理特征。

（一）自我意识逐步增强但发展不成熟

自我意识是指主体对自己的认识和对自己的态度的统一，包括自我观察、自我评价、自我检验、自我监督、自我教育、自我完善等。大学生自我意识增强，

表现在他们迫切要求深入了解和发展自己，自我评价能力增强，以及自我教育能力增强等方面。但是，由于大学生社会生活的知识、能力和经验不足，他们中的相当一部分人并不善于正确处理自我完善与社会发展需要间的关系，往往对自己估价过高，一旦遇到自己无力解决的困难或遭到某种挫折，便容易产生对现实不满的过激想法或强烈的自卑感，甚至导致行为失控，做出不理智的事情。

（二）情感情绪日益丰富但波动较大

大学生充满青春活力，他们极度关注自我成长，对周围环境的变化、学业的好坏、他人的评价、与他人的关系、社会要求与自身状况的差距等非常敏感。他们在日常生活、学习和社会交往中，都表现出浓厚的情感色彩，血气方刚，容易感情用事。这一时期对爱情的强烈关注也是大学生情感世界的一大突变，对其心理产生着巨大的影响。

大学生控制和调节情绪的能力比较弱，所以容易产生较大的情绪波动，表现出两极性：时而平静，时而活泼；时而抑郁，时而阳光；时而积极，时而消极。大学生情绪变化起伏大，容易受周围环境变化的影响，心境变化快。学业、生活、人际关系等变化都会引起情绪的波动，容易冲动、偏激，情绪冲突也较多。

（三）容易接受新的事物但相对缺乏辨别能力

大学生喜欢求新求异求变，对社会、校园中出现的新鲜事物和新理论、新观点表现出浓厚的兴趣，容易受其影响。但受自身条件的限制，大学生辨别真伪的能力有限，加上这个年龄段的逆反心理，大学生往往接受不了老师和家长的教育，有时甚至会表现出偏激的言行。

（四）智力接近顶峰但尚未发展成熟

智力是包括观察力、记忆力、注意力、思维力、想象力、创造力等的基本能力。人的智力自出生后开始发展，20～35岁达到一生的顶峰。大学生普遍思维敏捷、记忆力佳、接受能力强。通过专业训练、系统学习，大学生的抽象逻辑思维能力得到充分的发展，分析问题、解决问题的能力增强，抽象思维、逻辑思维逐渐占主导地位。他们往往表现出强烈的求知精神和创新精神。但由于知识和经验还相对欠缺，他们的智力并未达到真正成熟的程度，主要表现在思维品质发展不平衡，思维的广阔性、深刻性和敏感性发展较慢。所以，常常把社会问题看得过于简单，以致陷入主观、片面和"想当然"的境地。

（五）意志水平明显提高但不稳定

多数大学生已经能够逐步自觉地确定自己的奋斗目标，并根据目标制订实施计划，排除内外障碍和困难，去努力实现奋斗目标，意志的自觉性、坚韧性、自制性和果断性都有了较大的发展。但处于意志形成时期的大学生，意志水平发展又是不平衡、不稳定的。意志的自觉性和坚韧性品质已达到较高水平，但意志的果断性和自制性品质的发展却相对缓慢。突出表现是拖延行为和临场突击现象比较常见。另外，情绪波动对他们意志活动水平的影响比较明显，心境好时意志水平较高，心境差时则显得较低。

相关链接：

关注心理健康公益片

三、大学生心理危机的种类

（一）成长危机

成长危机是指大学生在大学阶段因生理、心理的发展变化而产生的心理危机。大学阶段，大学生已经进入青年中期或后期，一方面正处于生理发育的基本成熟和部分心理发展相对滞后的特殊时期，人生观和世界观逐渐形成，心理状态不稳定，容易受到外界的各种影响而产生心理危机；另一方面大学生性生理已经基本成熟，性意识增强，渴望异性间的友谊和爱情，但由于性心理还没有完全成熟，缺乏生活经验，常会产生一些不正当的行为，给身心带来严重影响。

成长性心理危机有三个特点：其一，心理危机持续的时间比较短暂，但变化急剧；其二，大学生在成长性心理危机期间容易出现一些消极现象，如厌学、人际冲突、情绪冲动等；其三，成长性心理危机如果能顺利度过，将会促进大学生心理发展，使其获得更大的独立性，从而走向成熟。

（二）境遇危机

境遇危机是由外部环境造成的、突如其来的、无法预料的和难以控制的心理危机，如亲友突然亡故、父母失业、家庭经济来源突然中断、非典流行等；或是遭受到突然的侵犯和恐怖事件，如遭到强奸、抢劫和暴力侵犯等而引起的心理危机。

（三）情感危机

情感危机是指一个人在感情中遭到突然的打击，而无法控制和驱使自己的感情，从而严重地干扰到其正常思维和对事物的判断处理能力，甚至使工作学习无法进行。在极度的悲痛、恐惧、紧张、抑郁、焦虑、烦躁下，极易产生自杀的念头或做出不理性的事来，最终导致精神崩溃。在大学生中最常见的情感危机莫过于失恋，这是诱发大学生心理问题的重要因素，恋爱失败往往导致大学生心理变异，有的人甚至因此而走向极端，造成悲剧。

（四）人际关系危机

和谐的人际关系既是大学生心理健康不可缺少的条件，也是大学生获得心理健康的重要途径。大学生人际交往危机主要是指在校大学生在与他人相处和交往的过程中表现出的不适、自闭、逃避、自恋、自负以及难以调和与他人关系的不良状态。从中学到大学，大学生面临着一种全新的人际关系。在中学时代，或许能够凭借出色的成绩获得同学和老师的青睐，但在大学，成绩好不一定就能获得好的人际关系。另一方面，大学的同学来自五湖四海，每个人的家庭背景、生活方式、价值观、性格、兴趣爱好会千差万别，这些差异会不可避免地带来一些摩擦和冲突。如果这些矛盾得不到及时调解，就会产生人际关系上的危机，给大学生的心理健康带来严重影响。

（五）学业与经济危机

对大学生来说，学习是其首要任务和主要活动。大学生的学习压力有相当一部分来自所学专业非己所爱，这使他们长期处于冲突与痛苦之中。课程负担过重，学习方法有问题，精神长期过度紧张也会给大学生带来压力。另外还有参加各类证书考试及考研所带来的压力等。精神长期处于高度紧张的状态下，极可能导致大学生出现强迫、焦虑甚至是精神分裂等心理疾病。生活的压力主要在于学生不善于独立生活和为人处世，以及生活贫困所造成的心理压力。目前，我国高校在校生中约有 20％ 是贫困生，而这其中 5％～7％ 是特困生。有些人虚荣心太强，经不起贫困带来的精神压力，总觉得穷是没面子的事，不敢面对贫困，与同学相处敏感而自卑，采取逃避、自闭的做法，有的同学甚至发展成自闭症、抑郁症而不得不退学。

📖 拓展阅读

大学生心理健康日：烦心事说给谁听？

5 月 25 日是全国大学生心理健康日。"5·25"取其谐音即"我爱我"，提醒大学生"关爱自我、了解自我、接纳自我，通过爱自己进而爱他人、爱社会"。如今大学生心理健康得到了全社会广泛关注，心理健康教育已经走进大学课堂。但是不可否认，仍然有一部分大学生不时被焦虑、强迫、抑郁等情绪困扰，甚至因为种种心理问题导致极端事件发生。

一项面向全国以 12.6 万大学生为样本的心理健康状况调查展示了这一群体的基本状况：2.3％ 的受访大学生存在不同程度的心理问题，其中有明显心理问题的占到 4％～5％，具体表现为强迫、焦虑、依赖、社交退缩、自卑、攻击等。

问题家庭带来心理阴影

因成长中来自父母的爱不足，而导致心理问题的大学生并不鲜见，大学生的很多心理问题都可以在其原生家庭中找到症结。采访中，一些心理学工作者不约而同地认为："一个问题学生的背后往往存在着一个问题家庭。"大学阶段是学生独自生活的开始，也是各类心理问题的集中突显期，很多在大学里出现的问题，其实在他们少年、童年、幼儿甚至婴儿时期就已经埋下了种子。

情商不佳带来心理困惑

中科院心理学博士韩海英给大学生做情绪管理辅导时发现，很多生理上已经成熟的大学生其实心理上仍然是个孩子，他们智商很高，但情商却很差。很多人不知道怎么独立处理自己的生活、适应环境、交友等，他们也因此产生了很大的焦虑感。而在25岁，人们已经踏入了社会，初步经历了社会风雨的洗礼，心智得到了较大的发展。韩海英认为，大学时期应该是人们成熟前最重要的时期。因为很多孩子上大学前都没有独立生活过，所有问题都是家人在处理。而到了大学这个相对社会化的环境，会被逼着自己处理问题。她建议一定要抓住这个最重要的时期，在大学期间多参加一些社会实践，多跟同学们相处。家长也要在这一阶段对孩子多鼓励，帮助他们分析遇到的事情，给出好的经验指导，放手让孩子自己处理，而不是全部代劳。

封闭自顾带来成熟停滞

中国教育学会家庭教育专家委员会副会长王大龙建议，其实18岁到25岁左右应该属于青春后期，这段时间主要是年轻人发展自己认知的重要阶段。他们的大脑会暴风骤雨般飞速发展，独立处理自己遇到的事情，完善自我控制和自我约束，同时考虑事情也比较平衡。

家长要多给孩子一些跟同龄人相处的机会。人成熟是一个社会化的过程，如果孩子一直封闭在家里，那么成熟的过程只会越来越慢甚至停滞。多让孩子参加一些课外活动，尤其是体育活动，这能促进孩子发展责任感和协作精神，有助于孩子成长。家长也要多鼓励孩子承担一些家务活动，认识到自己对家庭的责任感。

第二节　大学生心理问题调适

心理问题涉及各种心理及行为异常的情形，情绪消沉、焦虑、恐惧、人格障碍、变态心理等消极的和不良心理状态，都是心理问题。心理问题已经对人类的健康产生了严重的威胁，健康心理的培养成为当今社会的新视点。当代大学生作为具有较高智力、较高文化和较高自尊心的群体，有着比一般青年更高的抱负和追求，面临更多的机遇和挑战，因而也承受着更大的心理压力和冲突。

一、大学生心理问题产生的原因

人的心理健康是一个极为复杂的动态平衡状态。影响心理健康的因素是各种各样的，既有个体自身的心理素质的影响，也有外界环境因素的影响。社会环境、学校教育、家庭教育与自我因素都是导致大学生心理问题产生的因素。就当前大学生的具体现状而言，其心理问题产生的原因主要体现在以下几个方面。

（一）社会层面

这方面的因素中社会物质、社会意识、社会风气、社会舆论的影响较大。市场经济带来了物质产品的巨大丰富、利益格局的重新调整、贫富差距的加大。在社会意识方面，社会主义市场经济体制的建立和发展，必然伴随着价值观念的转换。社会的变迁过程，实际上也是一种心理态度、人生价值观和思想行为等更新、定位和变革的过程。社会转型时期信仰的迷茫、价值观的失落必然对大学生产生一定的影响。与此同时，社会风气、社会舆论也会给成长着的大学生带来深层的心理积淀。正确的舆论有利于大学生心理的健康成长，不正确甚至错误的舆论会对大学生心理的健康成长造成不良影响。

（二）家庭层面

家庭的影响主要包括家庭的情绪氛围、父母的教养态度、家庭结构和家庭经济状况四个方面。家庭是人生的奠基石，父母是孩子的第一任老师，家庭对学生成长与成才的影响是长久而深远的。好的家庭情绪氛围是良好心理素质形成的前提。家庭成员间的语言及人际氛围，直接影响着家庭中每个成员的心理，对个性逐渐成熟的大学生更具有特别的意义。父母的教养态度和教育方法直接影响孩子的行为和心理。那些民主、平等而非命令、居高临下的，开明而非专制的，潜移默化而非一味娇宠的教养方式，有利于学生心理的健康发展。家庭结构的变化如单亲家庭、重新组合家庭等必然对大学生心理造成一定影响。家庭经济状况特别是困难甚至贫困家庭的学生易产生心理不适感。由家庭环境带来的学生心理问题，其影响可能是长期的。

（三）教育层面

教育层面的影响分两个方面：一是高等教育观念的变化带来的影响。高等教育正逐步适应市场，专业也在不断拓宽，这提高了学生的适应能力。二是高等教育招生、就业体制的改变带来的影响。学生要交费上学，自主择业，市场增加了对高校和学生的约束机制。这一切都直接冲击着当今大学生的心理，他们必须承担上学的部分教育成本。面对求学、择业过程中选择机会的增多，选择难度的增大，他们有着更多的焦虑、不安、失落和无所适从。而在择业过程中，人才市场的不规范更深地刺激着当今大学生的心理。大学生既希望参与竞争又担心失利，既希望获得更多的机遇又担心失去原有的保障。

（四）大学生自身因素

大学生的自身因素，特别是其心理品质方面的因素，包括自然人与社会人的冲突、文化人与社会人的冲突、成才与成人的相互关系、心理品质的稳定与耐挫折能力等，都是影响其心理健康水平的重要因素。另外自我认知、学业期望、心理冲突、环境变迁、人际关系、生活事件等也容易导致大学生产生心理问题。

二、易引发违法犯罪行为的常见心理问题

（一）追求享乐心理

追求享乐心理是一种大学生中较为普遍的心理现象。在校大学生没有经济收入，但一些人往往又追求高消费、摆阔气，整天想着不劳而获，做人上之人。这类大学生的家庭条件往往并不困难，但他们追求高消费，享乐成了优势需要，一旦手头"吃紧"，向家里伸手又难以满足时，或去申请贷款，或产生通过盗窃、诈骗等手段获取不义之财的动机。

（二）打击报复心理

大学生正处于心理成熟的过渡期，看问题缺乏全面性，对困难和挫折缺乏思想上的准备，心理脆弱且有较强的报复心理。有的人恋爱不成而生恨，有的人被对方非礼后千方百计寻求报复，有的人仅仅因为一两句话或一点小事，就认为被对方侮辱便打伤或杀害对方。

（三）寻求刺激心理

大学生普遍具有较强的求知求新欲望，但如果在求知求新过程中低级的情绪体验——寻求刺激成为优势需要时，往往会迎合那些情调低下的东西或满足自我畸形的求新求奇的心理而形成不正常的寻求刺激心理。

（四）逆反心理

这是一种故意对对方的要求采取相反的态度和言行的心理状态。青年学生中常会出现个别人"不受教""不听话"，与教师"顶牛""对着干"现象。这种与常理背道而驰，以反常的心理状态来显示自己的"非凡""高明"的行为，往往来自"逆反心理"。

（五）嫉妒心理

嫉妒心理是面对他人的某种优势而产生的不愉快的情感。它俗称"红眼病"，是对别人的优势以心怀不满为特征的一种不快、自惭、怨恨、恼怒，甚至带有破坏性的负感情。青年学生一方面由于心理发育不完全成熟，另一方面由于社会交往范围日益扩大，置身于一种充满竞争的学校或社会环境中，于是个别差异在相互交往中被突出了。因此，优势地位成了他们追求的目标，当看到别人的长处，而自己又无力或不愿改变现状时，就对对方表示不满、怨恨，甚至加以损害。

三、大学生情绪困扰调适

大学生情绪特征中的波动性和两极性，决定了大学生经常受到情绪问题的困扰。情绪是一把双刃剑，它有时使我们精力充沛，精神焕发，有时又使我们疲惫不堪，不知所措。但这不意味着人甘愿做情绪的奴隶，受情绪支配，人应该学会调节情绪。情绪是洪水，我们的理智就是控制洪水的一道闸门。

（一）合理发泄

发泄是指人在不能用行动消除不良情绪时，改用语言宣泄，以求得内心痛快的一种方式。发泄一般是在背地里或知心朋友中进行。采取的形式是用过激的言辞抨击、抱怨恼怒的对象，或是尽情地诉说自己所认为的不平和委屈。

需要注意的是，有不良情绪的人，欲采取发泄法消除不良情绪时，必须增强自制力，不要随便发泄不愉快的情绪。要采取正确的方式，选择适当的场合和对象。

有的人不分时间、地点、场合，对着引起自己不快的对象大发雷霆，甚至采取违反道德、违反法律的攻击行动，这种直接发泄常常引起不良后果；还有的人将不良情绪胡乱发泄，迁怒于人，找替罪羊；更有甚者，不管什么事，只要不合己意，便发牢骚，讲怪话，以此来发泄不满的情绪。这些不良的发泄方式，不但于事无补，而且会影响团结、妨碍工作，对自己的成长和成熟也很不利。

（二）转移

让注意力离开引起不良情绪的对象，转移到无关的事物上。心理学认为，在发生情绪反应时，大脑中心有一个较强的兴奋灶，此时如果另外建立一个或几个新兴奋灶，便可抵消或冲淡原来的中心优势。因此，当自己情绪极其不好时，有意识地做题或做点别的事情来分散注意力，可以使情绪得到缓解。如看电影、下棋、打球、散步等正当而有意义的活动，都可使紧张情绪松弛下来。有的人生起气来拼命干活，这既是一种转移，也是一种宣泄，不失为一个行之有效的调适方法。但此时要提醒自己注意安全，因为在情绪不稳定的情况下，动作往往不够准确协调。

（三）自我控制

当遇到挫折、不幸，遇到令人不愉快和使人生气的事情时，自觉地克制自己，忍受内心的痛苦和不快，不发表过激的言辞，避免冲动的行为，这便是自我控制的方式。忍耐虽不等于思想问题的解决，但可以防止过激的行动。

人在挫折面前，应当以对事物的理性认识来控制个人的情绪。当忍不住要动怒时，要冷静地审察形势，检讨反省，考虑发怒的后果，寻找其他更为适当的解决办法。经过如此"反思"便能减轻或消除心理紧张，使情绪逐渐趋于平和。

（四）自我安慰

当自己受到挫折或无法实现目标时，为了避免精神上的痛苦或不安，可以找出一种合乎内心需要的理由来说明或辩解。比如，为失败找一个冠冕堂皇的理由来安慰自己，或寻找理由强调自己所有的东西都是好的，以此冲淡内心的不安与痛苦。

这种自欺欺人的方法，偶尔作为缓解情绪的权宜之计用一下，对于帮助人们在大的挫折面前接受现实、保护自己、避免精神崩溃是有益处的。但用得过多，成为个人的主要防卫手段，则会变成种"阿Q"式的"精神胜利法"，是一种病态，会妨碍自己去追求真正需要的东西。

（五）幽默

幽默是一种特殊的情绪表现，也是人们适应环境的工具。

具有幽默感的人，生活会充满趣味。许多看来令人痛苦、烦恼的事情，用幽默的态度去应付，往往能使人变得轻松起来。

幽默的人，不开庸俗的玩笑，更不随便拿别人寻开心，而是以机智的头脑、渊博的知识，巧妙诙谐地揭示事物的本质与不合理的成分，既一语中的，又使人容易接受。在一些非原则性的问题上，宁可自我解嘲也不去刺激对方、激化矛盾。

因为幽默能使人身心愉快，所以，很多人都喜欢听相声。幽默、风趣的说词，加上演员生动的表演，常常使人们前仰后合地大笑，学习、工作的疲劳，以及头脑中种种纷繁琐事，顿时烟消云散。

（六）升华

升华是指将不被社会认可的动机或欲望向比较正确的方向引导，将情绪激起的能量引导至对人、对己、对社会都有利的方面去。遇到不公平的事情，一味地生气、憋气，或颓唐绝望，都是无济于事的，采取违法的报复行动更是不可取的。正确的态度应该是长志气、争口气，将挫折变成动力，做生活中的强者。

补偿是情感升华的一种常见方法。所谓的"补偿"，就是发挥自己的才智和特长，来弥补自己生理上或心理上的缺陷所引起的烦恼或痛苦等情绪。比如，有的人长相平平，就努力学习以培养内在美；有的人文化学习成绩不好，就在劳动、体育上显示自己的才能。补偿的价值不仅仅限于消除不良情绪，更重要的是有助于个人对社会的适应。

四、大学生压力管理的策略

所谓压力管理，是指个体针对可预见的压力源进行必要的干预，维护身心健康，提高处理问题的效率，保证学习和生活目标顺利实现的管理活动。压力应对具有事后性和被动性，而压力管理则带有一定程度的主动性和积极性特征。

（一）构建自己的社会支持系统

当一个人独自面对压力的时候，其应激反应的消极作用会非常大，而要想在压力面前不感到孤立无助，最好构建自己的社会支持系统，这其中包括自己的亲人、朋友、同学、老师等。社会支持系统可以在你需要的时候给你情感安慰、行动建议，帮助你渡过难关。强大的社会支持让你在面对压力时不再感到孤立无援，可以迅速恢复自己的信心和勇气来面对挑战，解决问题。

要构建社会支持系统，首先要做到尊重他人，只有尊重他人的人，才能获得他人的友谊，也才可能获得帮助。其次要扩大社会交往面，结识更多的朋友，让你的同学成为你亲密的朋友；让你的老师或者其他长者，在你遇到困难的时候帮你客观地分析问题并提供相应的建议。另外需要向亲人、朋友和老师敞开你的心扉，不要担心这样做会遭到嘲笑，这样做只会让他们感到信任，自己也能得到最大的帮助。

（二）觉知和调整自己的生理状态

生理状态是压力最直接的指标。要想有效管理压力，要有压力意识，要能觉察压力的信号。人在应激状态下，会本能地驱动机体的防御机制。有效的压力管理，需要我们建立一个应对压力，尤其是那些慢性压力的预警机制。

有意识地觉知自身的紧张、焦虑等情绪状态。当处于应激状态时，自己的生理和情绪上会有什么样的不适反应？记录自己的这些压力反应，然后锁定这些反应指标，以后每当产生这些不适反应时，便对自己发出警告。个体的压力预警机制，就像战争中的雷达一样，对压力时刻保持着必要的警惕。学会调节自己的不良生理反应，比如心跳、呼吸、血压等。

（三）减轻和消除自己的心理负累

应激，即便是本能反应，也足以使人身心疲惫。所以必须卸掉心中因压力而产生的紧张和焦虑。而持续性的压力累积效应，对人的打击更大，甚至产生严重的后果，减轻和消除心理负累的方法有以下几种。

1. 理性辨析和积极归因

将自己面临的核心问题写下来，接下来需要围绕这个问题逐步回答：这个问题是如何产生的？这个问题真的与自己有关吗？这个问题真的就不能解决吗？通过如此反复逐层深入地自我辨析，理清问题的症结所在，从而减轻对压力情境的模糊认识及因夸大威胁而产生的焦虑。

2. 户外体验或者健身活动

可以自己报名或者组织同学、朋友，进行一次户外旅行或健身活动。这同样可以有意识地控制和调节自己的身心活动，以降低机体唤醒水平，调整因紧张而紊乱的身心功能，从而使机体内环境保持平衡与稳定。

3. 阅读书籍，汲取榜样力量

当面对压力感到不知所措的时候，可以从榜样身上寻找力量。很多杰出人物都经历过无数的挫折与巨大的压力，那么他们是怎样顶住压力与挫折，做出一番成就的？可以去阅读他们的传记来获得精神上的力量。

4. 寻求专业人士的帮助

如果上述方式都无济于事，可以去进行心理咨询，让专业人士引导自己排除压力。心理咨询作为一种专业性的人际助人活动，是指受过专业训练的咨询者，运用心理学方法，对在心理适应和心理发展上遇到困扰，并企求得到帮助的人提供心理援助的过程。心理咨询能帮助大学生有意识地进行自我心理调适，

图8-2　心理咨询

培养良好的个性，提高承受和应对挫折的能力以及对社会生活的适应能力，在生活中保持自信、乐观、坦诚、豁达和坚忍不拔的心理品格。

相关链接：

心理咨询到底是怎么回事？

案例警示

案例1

王某是某中师学校中文班的学生。自打高中起，她就是班里的学习尖子。高考那年因身体原因和临场发挥欠佳，没能考上大学，才被某中师录取。当时她心里很不是滋味，不想上中师。父母再三做她的思想工作，说是先上为好，只要她好好学习，毕业时再考大学，家里一定尽全力支持她。自她上中师以后，父母经常到学校来帮她洗衣叠被，并走访老师，鼓励她一心一意学习。父母的过分关注使王某背上了沉重的心理包袱。她总担心自己万一考不上大学该怎么办，越担心越不能集中精力，学习由班上前几名掉到中游。随着毕业的临近，她的精神越来越紧张，时间一长、精神不堪重负。最后一天到晚神思恍惚，心烦意乱，拿起书就头疼。有时父母大老远跑来学校看她，她却避而不见。平时总认为别人都在笑自己，说自己的闲话，碰到芝麻大的事都害怕，过马路怕车撞，开冰箱怕触电，夜里失眠，白天昏沉。离毕业只有三个月了，她却无法坚持下来，不得不休学回家。

王某所得的是焦虑性神经症。人们在日常生活中常常会感到焦虑，比如临考

前、上讲台前、在刚进入一个新的陌生环境中都会产生焦虑。而焦虑是一种心理疾病，其主要特征是无时不焦虑，无时不紧张、害怕，整天为无谓的事情担忧，惶惶不可终日，产生诸如失眠、心悸、头昏、乏力等症状。其产生的原因一是个人原因，二是环境原因。往往都是心理承受能力差的人在外来压力下，内外因素共同促使产生的。像王某的情况，一是自身控制把握能力差，二是父母极度期望的促使。

案例 2

某重点大学学生高某其父母皆为工薪阶层，入学不久他找了女朋友。起初，家里每月给的 600 元的生活费完全可以应付每个月的生活开支。但是，从第二学期开始他经常带着女朋友出入宾馆、饭店，600 元的生活费显得捉襟见肘。于是，他整天与朋友一起潇洒之后想得最多的就是怎样能弄到钱。2001 年 5 月的一天，他同寝的李同学拿到父母给的 2000 元，还未来得及存入银行，便被高某盗走。案发后，高某被开除学籍，同时受到了法律的制裁。

案例 3

吉林省某高校学生江某下课后与女朋友一起回寝室，迎面走过来的同专业男同学刘某看了女朋友一眼，江某大为不快，与刘某发生口角，进而殴打在一起。在两人厮打过程中，江某觉得没占到便宜，在女朋友面前很没有面子，后又回到寝室拿来一把水果刀，将刘某刺伤，造成重伤。江某被公安机关刑事拘留，同时被学校开除学籍。

案例 4

南京某高校一位女大学生煞费苦心设计作案手段实施盗窃。每每盗窃成功后，又将盗来的物品精心销毁或遗弃。被捕后她坦言："我模仿警匪片中的情节，每次作案时都很有成就感，特别刺激"。

案例 5

某高校学生王某家庭经济富裕，在学生中间很有优越感，平时对辅导员或班级干部的要求、号召一向不太买账。有一天，下课后他故意从写有"禁止穿越草坪"处穿过。校园管理人员上前阻止，他不但不听从劝阻，反而殴打管理人员，致使该管理人员左眼失明。王某因此被公安机关刑事拘留。

案例 6

某高校女大学生孙某以优异成绩考入该校生物工程专业。入学初她因高考成绩突出被推选为班级学习委员。一段时间之后，班级团支部调整，她有意当支部书记，但未能如愿。结果是她同寝的另一名女同学吴某因工作能力较强、爱好广泛、群众关系好而以高票当选。对此，她心里很不是滋味。有一天她趁上课之机，悄悄溜回寝室盗走了吴某的随身听、手机充电器、衣服、化妆品等，总价值3000余元。吴某发现被盗后，立即到学校保卫部门报案，案子很快告破，孙某被公安机关刑事拘留。

第三节　心理危机干预

心理危机虽然有错综复杂的原因而且是个人行为，但它是可以防范和干预的。通过有针对性地采取防范措施，可以减少危机发生的突然性和意外性。此外，还可以通过对处于困境和挫折中的大学生予以关怀和救援，帮助其度过危机，使其恢复心理平衡。

一、大学生心理危机的表现

当个体面对危机时会产生一系列身心反应，主要表现在生理上、情绪上、认知上和行为上。

生理方面：肠胃不适、腹泻、食欲下降、头痛、疲乏、失眠、做噩梦、容易受到惊吓、感觉呼吸困难、哽塞感、肌肉紧张等。较常见的特征是周期性或持续性的颤抖，长期心烦意乱或心不在焉，极端不安和精神恍惚、精神错乱。

情绪方面：害怕、焦虑、恐惧、怀疑、不信任、沮丧、抑郁、悲伤、易怒、绝望、无助、麻木、否认、孤独、紧张、不安、烦躁、自责、过分敏感或警觉、无法放松等。在这方面常见的特征是极度的悲伤、痛心、绝望。

认知方面：注意力不集中、缺乏自信、无法做决定、健忘、效能降低、不能把思想从危机事件上转移等。在这种情况下的个体在认知上会表现得很无助，会认为面对如此情景，无论采用什么方法和手段都是没有用的，无论谁也无法摆脱这种情况。

行为方面：社交退缩、害怕见人、逃避、暴饮暴食、容易自责或怪罪他人、不易信任他人，并有假装适应的反应。假装适应是所有心理危机反应中最敏感的，是指一些人表面上好像很成功地应对了创伤和压力，但事实上他们是故作轻松。假装适应的反应是一种由抑制、自我克制等构成的相当脆弱的防御方法。假装适应的人很少主动寻求帮助。还有些人由突发事件而引起的危机反应是对他人进行攻击，总觉得能够发泄满腔的怒火和重新获得自尊的唯一途径就是毁灭那个他们认为伤害了自己的人。另一些人则是自我毁灭式的，例如疯狂地驾驶、醉酒、酗酒直到神志不清为止。这些危机中的个体虽然对事件的不确定性感到很难受，处理问题的能力受到了限制，但也不会坐以待毙，也想获得别人的帮助，寻求摆脱困境的方法，只不过常常采用了一些不当的方式来处理问题。

二、心理危机的发生、发展过程

第一阶段：当个体面临困境时，其内心的基本平衡被打破，个体开始体验到紧张，试图采取以前常规使用的应对压力的手段来应对。

第二阶段：当个体以前的应对策略未能奏效时，其焦虑、紧张程度明显增加，可能会出现失眠、噩梦、出汗、发抖等躯体症状，个体又试图寻求新的应对方式来解决问题。

图 8-3　大学生心理危机

第三阶段：当经过尝试新的应对方式仍未能解决问题，个体内心的紧张程度又会持续增加，可能出现抑郁，甚至采取一些不恰当、不寻常的行为来宣泄自己的情绪，如酗酒、吸毒、暴食、冲动、到处游荡等。这时个体求助需求最强烈，常常不分场合发出求助信号，甚至尝试采用自己以前认为最荒唐、最不可取的方式。

第四阶段：如果经过前面三个阶段，仍不能解决问题，个体将会产生习得性无助，丧失信心，对人生的意义产生困惑、怀疑，甚至感到绝望，出现自伤、自杀等极端行为。而有部分人在此阶段会产生人格解体、精神崩溃等精神异常。

三、心理危机干预

心理危机干预也叫心理危机调停，是指对处于困境和挫折中的个体予以关怀和支持，使之恢复心理平衡的过程。心理危机干预本身是一种心理卫生的救助措施，主要针对心理适应陷入危机状态者，给予适时救援，助其度过危机，然后再从长计议，并且视其情况轻重转介有关机构接受治疗。危机干预可以从个体自己寻求帮助开始，目的在于从自身的角度出发来解决危机，调整情绪，使自身的心理状态恢复到危机前的水平。

（一）搜集充分的信息

虽然个体在危机中会陷于莫名其妙的恐惧和不知所措的境地，不知道发生了什么事，也不知道将可能发生什么事，但可以肯定的是，从那些过去有类似经历的人的经验中寻求帮助会有助于个体摆脱危机。人们还可以向处理危机问题的专家请教，或从有关书籍中寻找解决问题的办法。

（二）积极调整情绪

危机的出现会使人们极度地紧张和沮丧，这些情绪反应不仅表现为内在的、强烈的不适感，而且消极的挫折体验将使危机进一步恶化。因此，调整情绪的中心环节，就是要培养承受这些痛苦感受的能力。通过调整情绪，使诸如焦虑导致的恐慌、沮丧导致的失望等情绪的恶性循环得到控制。当危机超出我们的控制以及我们无力改变外部事物时，把握自己的情绪尤为重要。此时，将注意力集中在努力调整自己的情绪上，将会取得很好的效果。

（三）建立良好的人际关系

在危机期间和危机过后，个体都需要与周围的人保持良好的人际关系，不一定是要求他们提供强烈的情感支持，而是与他们保持日常的联系，共同分享经验，共同面对事物。这有助于遭受危机的个体重新适应社会，还可以分散自己的注意力，使自己不再为消极紧张的情绪所困扰。这种良好的关系可以表现为与自己的朋友一起散步、听音乐等。

（四）面对现实，正视危机

在危机前期，人们习惯于采取积极的态度来应对，利用一切可以利用的资源来避免危机带来的损害。但到了危机的后期，当个体积极应对危机的策略失败，感到绝望时，就会消极地逃避现实，采取退缩的策略来应对危机，不愿意承认现实情境，常常歪曲现实情境，以此来避免危机带来的损失。面对现实，正视危机，有利于个体激发自身潜在的力量，动员一切资源来寻求危机的解决办法。在各种危机面前，大学生要接受现实，正视危机，这种方法只要运用得当，对心理危机的化解应当是非常有效的。

 **拓展阅读**

尼克·胡哲：生命的斗士

尼克·胡哲，1982年出生于澳大利亚墨尔本的一个普通家庭，出生时就没有四肢，只有一只长着两根脚趾的小脚，被人戏称为"小鸡腿"，他庆幸自己拥有"小鸡腿"。尽管身体残疾，但父母并没有放弃对他的教育。胡哲的父亲是一名工程师，母亲是一名护士。在他六岁时，父亲教他如何用身体仅有的"小鸡脚"打字，而母亲则为他特制了一个塑料装置，好让他学会"握笔"写字。

尼克在上学的时候因为外表而产生诸多的困扰，他受到了别人的嘲笑："你这也不能做，那也不能做，你不可能拥有真正的朋友。"于是尼克也开始觉得自己不够好，觉得自己永远都不会被人喜爱和接纳，他希望自己也能像别人一样在足球场上踢球，骑脚踏车，玩滑板等，但是这些仅仅成了他的一种向往。他开始抑郁，并开始问自己："为什么而活着？活着就只是为了等待死亡吗？生命不是有目标的吗？……"但是很多问题只有一个答案——不知道。尼克问他的母亲："为什么会这样？"尼克也问医生："为什么会这样？"然而他们也无法解释，也找不到答案。尼克在十岁的时候曾3次试图把自己溺死在浴缸里，但是没能成功。后来，尼克在他父母的鼓励和悉心照顾下，开始慢慢接受了现实，选择勇敢地活着。

尼克成长的过程是艰难的，有很多事情并不像其他人做起来那么容易，但是乐观和自信让他找到了适应生活环境的方法，他完成了其他人简单就可以完成的事情，如刷牙、洗头、写字、打电脑、游泳、做运动等。经过长期的训练，他不仅用那只只有两根脚趾的小脚找到了平衡感，也完成了一个又一个奇迹。他甚至在年轻人酷爱的冲浪运动中掌握了一个超高难度动作——在冲浪板上旋转360度。由于他的这个动作属首创，因而他的这一旋转的照片被刊登在了《冲浪》杂志的封面。

这只是尼克给自己设定一系列目标中的一部分。尼克通过不懈努力和坚持，在2003年大学毕业，并获得会计与财务规划双学士学位。2005年，由于他的勇敢和坚忍，他被授予"澳大利亚年度杰出青年"称号。尼克的每一个成功都在告诉人们："人生最可悲的并非失去四肢，而是没有生存希望及目标！人们经常埋怨什么也做不来，但如果我们只记挂着想获得或欠缺的东西，而不去珍惜所拥有的，那根本改变不了问题！真正改变命运的，并不是我们的机遇，而是我们的态度。"尼克不仅做到了，而且做得非常出色。

尼克还有一个人生的目标，即立志成为一名演说家，用自己的经历去影响更多的人。然而他的想法起初并没有得到他父亲的理解和认可，他也尝试给学校打电话，努力推销自己的演讲，但是一次次地被拒绝。尼克始终没有放弃他的梦想，当他被拒绝了52次之后，终于获得了一次演讲的机会，尽管演讲时间只有5分钟和50美元的酬劳。尼克执着的精神让他获得了成功，从此也拉开了他演讲生涯的序幕。

尼克在17岁完成了他第一次充满激情的演讲，如今，他已经在全球35个国家和地区发表过超过1500场的演讲，拥有数十亿的听众，每年要接到超过3万个来自世界各地的邀请。在尼克演讲中，讲述了自己如何克服困难，如何去完成一个又一个的人生目标，如何用积极、乐观的态度去迎接精彩的生活。尼克幽默和极具感染力的演讲感动了现场的每一个人，他那传奇的人生经历和永不放弃的精神给人以鼓舞和启迪。

尼克的生活总是充满着阳光和希望，他的脸上总是

图8-4 演讲家尼克

充满了自信和从容的微笑，他怀着一颗感恩的心去回馈这个世界，用爱去拥抱每个人的心灵。

尼克用自己的亲身经历告诉人们，珍惜你所拥有的，你就会获得快乐；遇到困难，无论怎样，不要放弃，你就会遇见希望；学会爱别人，别人也会爱你；每天向前走一小步，你一定可以完成人生的目标。

相关链接：

演讲家尼克：永不止步

四、大学生自杀心理危机预防

在自杀悲剧发生之前，每个人都会觉得自己距离自杀很遥远。实际上，在现代社会，每个人都有必要了解一些关于自杀的预防知识。这种预防包括了两个方面：一方面是自杀的自我预防，即避免我们自身走向自杀；另一方面则是对他人自杀的预防，即预防我们生活周围的人们（包括同学、朋友、恋人等）的自杀。

（一）重视提升自身心理素质

心理素质差是导致自杀的最直接的内在动因。因此，个人在平常生活里就应该关注自身心理健康，主动了解基本的心理健康知识，并且积极地去提升自身的心理素质。大学生尤其要注意培养自己对挫折的忍受能力和对情绪的调控能力，不要抱着一种侥幸心态敷衍了事。此外，还要提高对自身心理状况的觉察力，一旦发现自己有自杀的意念，便及时实施自我救助（如转移注意、避开刺激物等）。

（二）重视打造自己的社会支持系统

一个人在面临自杀危机的时候，一个成熟的社会支持系统可以给予他莫大的帮助。所以大学生一定要意识到人际支持的重要性，学会和他人交流与沟通，掌握"聆听"和"倾诉"的技能，努力建立一个有一定规模、密度并具异质性的支持系统。

（三）学会向心理咨询专业人士寻求帮助

受传统文化的影响，大学生在面对个人生活困难的时候，倾向于"自我消化"，认为"时间是最好的心理医生"。这种"时间疗法"对一些琐事是有效的，但是在面临重大生活事件的时候，大学生们往往难以自己排解。这种"自我消化"就无异于"自我折磨"。独立解决问题固然是一项优秀特质，学会求助也是现代人应该具备的素质之一。尤其在面临自杀危机的时候，大学生应该尽快向心理咨询专业人员寻求帮助。

案例警示

案例 1

某大三男生，称得上高富帅，多才多艺，是校话剧团的骨干，父母都是高校教师，但他们因性格不合长期争吵，最终在他十岁时离了婚，他跟了母亲，母亲再婚，继父亦为高校高职称人员，对他视如己出。这位校园的"公众人物"自然就少不了有女生向他"抛出绣球"，但聪明傲气的他则心中早另有目标——话剧社的一个"小师妹"，尽管"小师妹"不喜欢他，已拒绝了他的"酸溜溜表白"，可他仍死缠烂打。一个寒冷的傍晚，他和"小师妹"单独在一个偏僻的办公室排戏对念台词，临了他又一次"表白"，但遭到明确的最终拒绝，绝望的他由爱生恨，一时冲动竟拿起墙脚的一块木板拍击了那"小师妹"的头部，该女生夺门冲出哭哭啼啼求救，他自己一个人待在屋子里越想越不知所措，最后竟用随身军工刀割腕自杀（后被及早送医院抢救过来）。

案例 2

2006 年夏的一天，某教室正上着数学课，课堂上，一男生被老师抽查到黑板前推导一道公式，眉头紧锁的他，被再三启发也未能如愿，但居然还和老师"犟嘴"，一向以严格著称的老师非常恼火，极不客气地批评了他，并半开玩笑地斥责他脑袋是木头做的，甚至扬言期末考试考上 80 分也不让他及格，并在黑板上写了大大的字——"蠢猪"！他觉得自尊心受到了极大的伤害，无法接受这样的现实，心理不能承受，便用了最简单，也最愚蠢的办法——吃安眠药自杀来解决问题，所幸被人及时发现才避免了一场悲剧。

案例 2

期考的第一科考试，考场上，一名大一女生用 iPad2 作弊，被监考老师人赃俱获，老师当场终止她的考试，让其离开考场。而后，此学生思来想去觉得羞愧、学业无望而寻死觅活。原来该生是北京人，其父母一直不和，正在办理离婚手续，她从北京来西部求学，就是想离开那纷扰之地清静一下。这学期以来她非常烦恼、无心向学，已向学院提出了退学，这次之所以作弊就是因没把握及格才铤而走险的，而我们的监考员在开考半小时后就发现她极不寻常，老在看监考员而不是答题，这位监考员"欲擒故纵"，故意出考场吸烟，其实是想抓她个"现行"，不出所料，监考员如愿以偿了，他为自己的战利品而扬扬得意，故意在考场里舞动着没收的试卷大声嚷嚷，以儆效尤，马上终止作弊女生的考试，并逐出考场。这位女生哽咽着跑了出去，想到今天的违纪行为将使自己受留校察看处分、全校各处张贴处分文件，最要紧的是毕业后还没了学士学位！去哪能找到工作？觉得家里和学校都如此不容自己，活在这世上还有什么意思？她跑到野外漫无目的地走着，整整一天都没吃东西……幸亏政工老师一直对家庭情况特殊的她倍加关注，马上动用了突发事件处理机制，对她的违纪行为进行了特殊处理才转危为安。

案例 3

某大三女生，是校学生会干部，在宿舍里和舍友们关系不太好，但却对学生会的工作很投入，常常以办公室为"家"，平时，为了不影响舍友休息，她每每是中午就洗澡洗衣服，做完一切杂事，午觉起来后就离开宿舍，直到深夜才归舍，一天中仅有午休、晚上睡觉时才在宿舍，与舍友基本没有什么交流，同学之间的人际关系比较单纯也比较复杂，她与舍友们彼此都相互不想沟通。舍友们嫌她深夜回来刷牙出出进进弄出响声影响大家休息，就合伙"整"她，她和舍友们的摩擦不断，日积月累升级，她和舍友们的关系不禁紧张起来，有一次她感冒了几天特别的虚弱，那天深夜，她又因鸡毛蒜皮之事和某舍友吵起来，吵得声嘶力竭，千万委屈齐上心头，一气之下竟昏晕过去，被舍友们送了校医院。但醒后她一夜未眠，第三天中午她上街买了农药，晚上七时服药，幸亏被及时抢救才免去一场大祸。据室友讲，在这之前，她把所有衣服洗得干干净净，东西收拾得整整齐齐，一双来不及洗的鞋也装好锁了起来。

案例 4

2009 年 1 月 28 日，武汉大学 31 岁博士杨某在家中用电线自杀。杨某在家自杀身亡后，杨某的父亲杨先生从儿子身上找到一封遗书，是杨某临终前写好的。遗书写在笔记本上，用黑色中性笔书写，字迹工整，将近 50 个字。遗书中写道："我对不起父母的养育之恩，对不起女朋友的照顾，希望他们不要难过。"

记者来到杨某的家中时，杨某的部分朋友和同学已经赶来，帮忙照顾杨某的六旬父亲。杨某家里物品不多，除了一些简单的家具，最引人注目的就是书柜上的书。"他很爱学习，成绩也很不错，读大学还是保送上的"，几位同学对杨某的评价很高，"他读了本科，考上硕士研究生，后来又读了博士，很不容易，他一直没有放弃学习，他希望将来的生活能够过得好一些。"一些同学不愿提及杨某自杀的事实，"我们完全想不明白怎么会这样"，他们对杨某的死表示惋惜。

儿子的突然离开，让 60 多岁的杨先生悲痛欲绝，他一直不敢相信眼前的事实："昨天还和儿子在一起聊天，谈得都很畅快，并没有发现儿子有自杀的想法和念头，为什么他会做这样的傻事呢？"杨先生一时无法接受儿子离开的事实。

杨先生以前是一名老师，几年前，妻子过世后，他与儿子相依为命。杨先生说，儿子平时读书、写论文外，还要努力工作，没有太多时间呆在家里，经常在外吃饭，留下他一个人在家，为此，儿子一直表示有些愧疚。

杨先生称，儿子平时都很好，学习上一直用功，可能他压力比较大，博士论文的事情，工作上的事情，还有和女朋友之间的事情，他都要面对。"我再也见不到儿子了，再也不能和儿子相依为命了"，面对儿子的离去，杨先生泪流满面。

杨某的家人、同学和单位同事得知消息后，纷纷表示哀悼。据知情者介绍，杨某自杀可能是由于论文无法通过，压力太大，于是产生自杀的念头。

第九章

遵纪守法

　　大学生法治观念与法律知识教育作为大学生安全教育的主要内容是全面推进依法治国对高校人才培养的必然要求，能够帮助大学生增强法治观念、培养良好的法律素质，有利于大学生综合素质的提升和发展，有利于保障大学生自身权益，减少大学生的违法犯罪行为，维护校园安全与稳定。

第一节　法纪教育与校园稳定

遵纪守法、遵守校纪校规，自觉维护校园正常秩序是对每一个大学生的基本要求。校纪校规教育是学生从入校的第一天就开始接受的安全教育，校纪校规中涉及的安全要求和规定是大学新生适应大学生活、顺利完成大学学业的基本安全保障。要认真组织开展以校纪校规为主要内容的新生入学教育，让学生一进校就能全面了解、熟悉校纪校规，更要注意校纪校规教育的连贯性，培养学生遵守纪律的自觉性。通过校纪校规教育，使大学新生逐步树立安全责任意识，增强安全防范意识，强化自我保护意识。

一、自觉接受法纪观念教育

法纪观是指人们对国家法律制度和组织纪律的看法和态度。法纪观包括法制观和纪律观。开展法纪观念教育，使学生熟知和明确学校的各种规章制度及国家、社会对大学生的要求，从而增强学习、贯彻学校各种规章制度的必要性和执行国家法律法规的重要性，知道哪些事情可以坚定不移地去做，哪些事情坚决不能参与或尝试，真正树立是非意识和全局观念。

（一）熟知相关法律法规和学校规章制度

大学生应熟知和掌握《中华人民共和国高等教育法》《中华人民共和国治安管理处罚条例》《中华人民共和国国家安全法》《中华人民共和国刑法》等有关法律法规，以及学校的《大学生守则》《学籍管理规定》《校园治安管理规定》《违纪处罚条例》《学校消防管理细则》《学生公寓治安管理规定》《水电管理规定》等有关规定，依照相关的规章制度规范自身的言行。

（二）树立正确的法纪观念

大学生在思想意识上应树立正确的法纪观念，具体来说，应从以下几点着手。

学习掌握法律知识。法律知识是构成法制观的基础。认真学习法律知识，充分认识有中国特

图 9-1　《中华人民共和国高等教育法》

色的社会主义法律体系，掌握我国宪法和基本法律的主要精神和内容，明确权利与义务、民主与法制、自由与纪律的辩证统一关系等是高校法制教育的主要任务，也是树立正确法制观的必要条件。

注重强化法律意识。法律意识是指关于法律现象的思想观点和心理总称。法律意识是法制观的核心。当前，大学生尤其要注重强化自身的宪法意识、市场经济法制意识、守法意识、依法办事意识等，这是树立正确法纪观的重要内容之一。

提高用法能力。用法能力是人们运用法律分析问题、解决问题的技能，主要表现为运用法律和依法办事的水平。在树立正确的法纪观过程中，既要重视法律知识的积累和法律意识的强化，更要注重在实践中提高用法的能力和水平。同时还要加强依法自律能力、依法自护能力、依法参与能力、依法斗争能力。

相关链接：
让安全教育成为大学生必修课

二、正确反映学校管理问题

学校人多事杂，在管理上难免出现这样那样的问题，给学生造成一定的困难或影响。在这种情况下，部分同学对学校管理工作产生意见，这是很正常的，也是可以理解的，但在反映问题时一定要讲究方式、方法。

通过正常途径和程序向学校有关方面积极反映意见。学校工作是为广大学生服务的，学校希望和欢迎学生提出改进工作的意见和建议。不少学校为了更好地了解情况，加强与师生的联系，倾听师生的意见，建立了校（院）长接待日制度，认真听取师生的意见。因此，当你对学校某一方面的工作有意见、有想法时，可通过以下渠道反映。

（1）通过班级干部及时转告意见和想法。

（2）向辅导员和学院领导反映意见和要求。

（3）直接找学校有关部门反映意见和要求。

（4）通过电子邮件或书信向学校有关部门或校领导反映。

（5）通过学校组织的校情通报会或校院领导接待日直接反映。

在向有关领导或有关人员反映意见和要求时，态度要谦逊，注意文明礼貌。既要积极反映意见，也要谅解学校难处。学校工作面广量大，由于学校近些年来发展较快，人力、财力、物力严重不足，因此，同学们有些合情合理的要求因学校条件的限制一时无法满足。在这种情况下，要谅解学校，以主人翁的态度同学校领导一道克服暂时困难。

三、发现形迹可疑人员的处理

所谓形迹可疑人员就是出现在校园内的行为举止、衣着、动作习惯等明显有别于校内师生员工，语言疑点较多或行为诡秘的人员。遇到形迹可疑人员，应仔细观察，记住可疑人员的特征，包括年龄、性别、身高、胖瘦、相貌、衣着、口音、动作习惯，以及身上痣、瘤子、斑痕、刺花、残疾等各种特征，及其佩戴的戒指、手镯、项链、耳环等各种饰物的情况，以便向公安保卫部门提供破案线索。

发现可疑人员应采取正确的方式处理，具体如下。

（1）发现形迹可疑人员应主动上前询问，这时态度要和气，但问得应仔细些。如果来人确有正当理由，一般都能说得清楚。如来探亲访友的，多半所说姓名及所在院系、年级、班级不错。必要时还可帮助找人。

（2）来人回答疑点较多，所说的院系、专业、年级不对号，要找的人根本不存在，神色慌张左顾右盼等，则可进一步盘问，必要时还可问其姓名、单位，然后要求看看其有无身份证、工作证、学生证等证件。为避免矛盾，也可叫学生干部、值班人员出面询问。经核实身份无误，又未进一步发现盗窃证据，可由值班人员记录其单位、姓名、来校时间后让其离去。

（3）如来人经盘问疑点很多，不肯说出真实身份，或身边携有可能是赃物、作案工具等物品，应由值班人员或学生治保人员按有关规定谈话将其拖住，并打电话报告学校保卫部门，尽快来人审查弄清情况。

（4）其他注意的问题。一是态度始终要和气，即使可疑人员激动争吵，也要与其讲明道理，切不可动手；二是不能随意进行搜查，因为这样做是违法的；三是如果可疑人员真是盗窃分子，还要防范其突然行凶或逃跑，要及时报案；四是做到注意安全、随机应变、以正压邪、急而不乱。

四、维护校园稳定

社会稳定是国家发展的前提条件之一，校园稳定是社会稳定的晴雨表。没有安全稳定的校园环境，不可能有高质量的教学科研产出，也不可能有健康成长成才的学习条件。做政治上的明白人，珍惜来之不易的学习机会，自觉维护学校稳定，是当代大学生维护国家政治安全的具体体现。当有人邀你做有害于学校稳定的事情时，应当自觉地进行抵制并妥善处理。

（1）正确判别该事（案）件的是非曲直。如果自己的同学、朋友，是一位挚友的话，不妨直接向他指出，尽管他一时可能听不进去，甚至伤了和气，但将来他还是会想通的，至少自己做到问心无愧。

（2）冷静、理智地思考。帮助邀约你的同学或朋友权衡利弊，向其提出忠告。一方面要劝阻其过激举动，另一方面帮助他们出主意、想办法，通过正常渠道和途径解决问题。

（3）应积极主动向学校各级组织反映情况。在想要采取过激举动的同学情绪激动、劝阻无效，有可能做出对学校稳定和同学个人前途都不利的举动时，你绝对不可犹豫不决，而要当机立断，及早向学校反映情况。因为由学校出面做工作要比个人的力量大得多。

（4）要敢于与极少数别有用心进行恶意煽动、闹事、破坏学校稳定的人做斗争。各类别有用心的人窜入校园，张贴标语传单、进行反动宣传、散布谣言、煽动闹事等破坏活动，广大同学尤其是党员、团员和学生干部，遇到这类情况不仅要及时向学校组织报告、反映情况、提供线索，而且要敢于同违法犯罪者作正面的斗争。

 案例警示

案例 1

2002 年 2 月 23 日 13 时 10 分，清华大学学生刘海洋悄悄跑到北京动物园，走近熊山，向黑熊泼下了硫酸。随着黑熊的惨痛号叫，刘海洋迅速逃离。随即刘海洋被北京市公安机关抓获，刘海洋交代此次事件的动机只是为了测验一下熊的嗅觉能力，北京市西城区法院判决刘海洋犯故意毁坏财物罪，免予刑事处罚。这一泼，"泼出"了法律盲点。

案例 2

某大学的宿舍来了一伙儿推销皮鞋的小贩，一些新入校的同学以每双 100 元的价格相继掏钱购买，等小贩走了以后，同学们才发现鞋底是由纸板做的，根本不能穿。于是这些同学一面在校内及其周边寻找这些卖鞋的骗子，一面及时向学校保卫部门报告。在学校保卫人员和广大学生的共同努力下，终于将这些利用推销手段的诈骗嫌疑人抓获，挽回了损失。

诈骗嫌疑人掌握了一些学生爱贪小便宜的心理和经济不宽裕的状况，以低于市场的价格，吸引人们上当，拿到钱后立即逃离现场。但同学的警惕性还是有的，能够及时报告，挽回了自己的损失，同时避免其他同学再一次上当受骗。

案例 3

2014 年 9 月的一天晚上 10 点多种，某高校宿舍里，有一同学酒后想起几天前两个班在玩篮球时，曾发生过矛盾，借着酒劲，来到对方的寝室，要和对方理论。因说话声音太大，影响别人休息，引起其他同学的不满，双方发生口角，进而厮打，造成双方互有损伤。后来，双方参与的学生都受到了学校的纪律处分。

案例 4

某高校大学生杨某出生于高级知识分子家庭，父母离异后随母亲生活，大二期间因身体不好休学一年。复学后，母亲为他申请到校外租房居住并亲自监护。然而杨某却置校纪校规和母亲的教诲于不顾，与社会不良青年打成一片，经常去舞厅、酒吧闲逛，交往了一些不三不四的"朋友"，最后发展到把一些舞女带回住处厮混。最终，杨某被校方勒令退学，带着满腹羞愧和后悔离开了大学。

第二节　珍爱生命，远离"黄、赌、毒"

"黄、赌、毒"作为社会丑恶现象，是万恶之源，不仅败坏了校园风气，甚至还危及社会，历来为人们所深恶痛绝。大学生一旦和"黄、赌、毒"沾上边，轻则违反校纪校规，重则触犯法律，对自己、他人、家庭和社会都将造成严重的危害。

一、抵制"黄色污染"

所谓"黄色污染"是指具体描绘性行为或者露骨宣扬色情的淫秽性书刊、影片、录像带、录音带、图片及其他淫秽物品。

黄色淫秽制品及黄色网页对大学生有严重危害。大学生正处于青春发育成熟期，青春萌动，愿意探索新知。而西方腐朽的意识形态影响和黄色淫秽制品的传播对个别大学生的影响甚大。一些大学生不知深浅，通过涉足淫秽物品和浏览黄色网页，寻求刺激，来达到自己对内心空虚的解脱。有的甚至深陷泥潭不能自拔，整日精神萎靡，心神不定，想入非非，以致污染风气，毒害心灵，荒废学业，有的还堕入违法犯罪的深渊，葬送了自己的前程。

大学生要坚决抵制黄色淫秽制品。大学生对黄色淫秽物品要坚决做到不看、不传，更不能走私、制作和贩卖；要洁身自爱，读好书、结好友，积极参加健康有益的文体娱乐活动；树立正确的人生观，培养健康向上的生活情趣。

二、远离赌博恶习

赌博是一种丑恶的社会现象，是利用赌具，以钱财作赌注，以占有他人利益和以营利为目的的违纪违法犯罪行为。

（一）大学生参与赌博有百害而无一利

大学生赌博不仅违反校规校纪，而且耽误学业。赌博很容易上瘾，既花费精力又浪费时间，大学生因赌博不可能遵守学校正常的作息时间，不可避免地要违反校纪。有的因长期熬夜，精神萎靡不振，就难免迟到、早退、旷课，即使勉强进了课堂，注意力也无法集中，有的干脆白天在寝室蒙头大睡，晚上继续"挑灯夜战"。将功课放置一旁，学习成绩下降，甚至于因多门课程不及格而被迫退学。

破坏同学关系，影响正常秩序。赌博是群体的违法犯罪活动，直接牵涉人际关系。一旦参与赌博，赢了的不会满足，输了的总想"返本"（把输的捞回来），这样，长此以往无休止地继续下去，势必会影响同学关系，同学之间的互助、友爱之情往往会被利害关系所替代。同时，赌博活动不可避免地影响周围环境，绝大多数不愿意参与赌博的同学有碍情面又不便或不敢出面直接制止，想学习、想休息、想从事其他娱乐活动者往往忍气吞声。时间一长，不满意、不信任的气氛必然产生。

容易走上违法犯罪的道路。有关部门统计资料表明，高校学生中因参与赌博被学校给予开除学籍、留校察看的事时有发生，而因赌博走上了违法犯罪道路的现象也屡见不鲜。

（二）大学生防范赌博的措施

违法往往从违纪开始。要自觉遵守校纪校规，养成良好的遵纪守法意识。充分认识赌博的危害，自觉培养高尚的情操，积极参加有益健康的文体活动，充实自己的业余文化生活。要防微杜渐，分清娱乐和赌博的界限。很多赌博成瘾的人都是从"赢饭""水果""派夜宵""来烟""带点刺激""不能空手玩"等开始的，久而久之，胆子壮了，胃口也大了，从而陷入赌博的泥潭。思想上要警惕，不要因为顾及朋友、同学的情面而参与赌博，遇到他人相邀，要设法推脱决不参与。要以关心和爱护同学为出发点，及时制止他人参与赌博，必要时要向老师和学校有关部门报告。

相关链接：

在校大学生沉迷赌博，为还赌债专偷别墅区

三、远离毒品

毒品是指鸦片、海洛因、吗啡、大麻、可卡因、冰毒以及国家规定管制的其他能够使人成瘾癖的麻醉药品和精神药品。吸食（包括注射）毒品或欺骗、容留、强迫他人吸食毒品，以及非法从事制毒、贩毒已成为全世界的社会公害，每个大学生都不可染指，要充分认识其危害。

（一）毒品带来的危害

吸食毒品会严重危害人体健康。吸食毒品成瘾后会产生强烈的病态反应，如：烦躁不安、失眠、疲乏、精神不振、腹痛、腹泻、呕吐、性欲减退或丧失。人体内的毒品达到一定剂量后会刺激脊髓，造成惊厥，乃至抑制神经系统，引起呼吸衰竭而死亡。静脉注射毒品又是传染肝炎、肺炎、性病及艾滋病等多种传染病的重要途径。

摧残意志和精神，荒废学业。吸食毒品使人逐渐懒惰无力，意志衰退，智力和主动性降低，记忆力减退，学业荒废。

吸毒是诱发犯罪的重要原因。毒品不仅危害人的身体，摧残人的意志，而且还能使人丧失理智和人格；吸毒耗资巨大，极易诱发吸毒者为解决毒资铤而走险，走上了盗窃、抢劫、诈骗、杀人、贪污、受贿、卖淫等犯罪道路；有些吸毒者以贩养吸、从害己转为既害己又害人。

（二）预防毒品的侵袭

充分认识毒品违法犯罪活动的危害性，加强自身的学习和法律意识修养，培养高尚的情操和伦理道德观念；积极参加有益健康的文体活动，增强集体观念，培养广泛的兴趣和爱好，避免孤僻的生活方式；提高对毒品的防御能力，不要结交有吸毒恶习的朋友或听信他们的谗言；决不可因好奇而尝试毒品，防止上瘾而难于自拔；一旦沾染毒品，要积极主动向老师和学校报告，自觉接受学校、家庭及社会有关部门的监督，进行戒除及康复治疗。

国家对从事毒品违法犯罪活动的处罚非常严厉。《中华人民共和国刑法》第三百四十七条规定：凡是走私、贩卖、运输、制造毒品的，无论数量多少，都依法追究刑事责任。对吸食、注射毒品，无论数额大小，都依法追究刑事责任。对吸食、注射毒品的违法人员处以拘留和罚款；吸毒成瘾者予以强制戒毒。屡教不改的，对其进行劳动教养，在劳动教养中强制戒毒。

 案例警示

案例 1

某高校学生夏某，因沉迷于赌博，输光了一学期伙食费，变卖了皮夹克、"随身听"和手表等抵账，后来终于走上了盗窃、抢劫的道路。开始他只是顺手牵羊地在校内盗窃同学的现金，后来，竟发展到盗窃老师办公室的计算机，还在校外抢劫手机。结果他被判处九年有期徒刑。像夏某这样因沉迷于赌博走上犯罪道路者也不乏其例。

案例 2

2015 年 1 月，某艺术院校学生杨欣（化名）在接到黄某在"陌陌"上发来的求购大麻叶信息后，邀约某职业院校学生张磊（化名）共同前往江北区观音桥某 KTV 与黄某交易大麻。张磊按照杨欣的安排将黄某带至洗手间处，杨欣在此将净重1504克的大麻以1700元价格贩卖给黄某，交易完毕后，被民警当场抓获。在案件审理过程中，涉案大学生大都谈到，在他们的圈子里，吸食大麻感觉很时尚，你要不吸别人会觉得你与他们格格不入，会被冷落；而贩卖大麻更是会让自己觉得有成就感，有面子。

从众心理、对大麻危害以及对法律的认识不足是导致大学生吸食贩卖大麻的主要原因。大多数大学生开始吸食大麻是从朋友聚会开始的，很多人认为吸食大麻与吸烟并没有什么本质区别，认为想戒就可以戒掉，吸一点、卖一点都没关系。殊不知，大麻有强烈的成瘾性，而且按照我国刑法第三百四十七条，"走私、贩卖、运输、制造毒品，无论数量多少，都应当追究刑事责任，予以刑事处罚"。

案例 3

某大学二年级的朱某，入校后放松了对自己的要求，一度感到从未有过的迷惘。18 岁的他正值青春萌动时期，为了打发自己无聊的时光，性格内向的他开始阅读色情小说、杂志，观看黄色录像。朱某的灵魂，在不知不觉之中开始扭曲。朱某为了达到满足欲望的目的，以谈恋爱为名，用陪伴跳舞、指导溜冰、教人游泳为手段，在溜冰场、公园、游泳池等公共场所搭识女青年和勾引女同学，共猥亵奸污了 13 名女青年。一天，朱某把本校女生华某骗至其租用的民房中。开始还是正常交往，然而朱某按捺不住自己的别有用心，乘华某不备放起了黄色录像。华某见此情景，欲借故离开，然而一切为时已晚，朱某兽性大发，用力将华某按倒在床上，华某"救命"的呼救声惊动了周围邻居，朱某遂被众人扭送到公安机关。

案例 4

大学生黄某家庭经济条件比较好，大学二年级开始接触校园周围的游戏机。刚开始只是好奇，输赢在 5 元以内。不久，黄某玩游戏机上了瘾，经常通宵达旦地赌，从家里拿来的钱一小部分用于吃饭，大部分用于赌，经常身无分文。仅仅半学期，他就向同学和女友借债 3000 多元。他说："到了这种地步，我已无法收手。赌，令我输没了志气，输没了理想，输没了脸面。我不想再活下去了。"最后，他选择了卧轨自杀，结束了自己的一生。

案例 5

某医学院一位教研室副主任，曾被学校选送到美国毒理研究所进修。学成回国后本应好好报效祖国、为人民服务，但是，由于他的世界观、人生观、价值观严重错位，钱迷心窍，竟然与香港毒贩子合作，拿着国家工资、却在人民提供的实验室中研制冰毒，并研究配方大批量生产，从白衣使者变成了白粉大王。他通过研制毒品获得了 16 万元"兼职收入"，很快就买了一辆小轿车，钓鱼、打球、轿车出入，过上了"屁股底下一座楼"的阔佬生活。这时，他更加利令智昏，为了实现"要比别人过得更好"的誓言，他又以每一公斤晶体获得3000元报酬的条件与香港毒贩子达成协议，继续干起了伤天害理的罪恶勾当。他那颗贪婪的心，也像他的钱包一样越鼓越大。直到东窗事发，被判死刑，他才如梦初醒，但为时已晚。

案例6

何某是攀枝花市某高校的一名大三学生，2015年10月17日、19日，他连续两次在凌晨实施持刀抢劫，抢得现金780多元以及两部手机。何林说，从高中开始，他就迷恋上了网络赌博，进入大学后，开始研究网络赌球，一次花销就是几百元上千元，不仅学费被输光，网上贷款的数万元也无法偿还，他不敢再向家里要钱，于是产生了抢劫犯罪的念头。法院审理后认为，被告人何某使用暴力抢劫他人财物，其行为构成抢劫罪。依照《刑法》，判处被告人何林有期徒刑五年六个月，并处罚金5000元。

第十章

防范自然灾害

　　自然灾害的种类繁多，比较常见的有地震、水灾、雷击、台风、滑坡、暴风雪等。这些自然灾害事故破坏性极大，对人身安全造成极大威胁。以目前的科学技术水平和能力，人类还无法完全阻止自然灾害的发生，也无法完全抵御自然灾害带来的破坏。但是，人类可以根据自然灾害发生的规律和特点，采取积极有效的防范措施，尽量减少人员伤亡和财产损失。大学生通过学习自然灾害相关常识，能够在灾难来临时紧急避险、保障自身生命安全，而且在必要时刻能够对他人进行救助。

第一节 地质灾害

地质灾害主要是指在地球内动力、外动力或人为地质动力作用下，发生异常能量释放、物质运动、岩土体变形位移以及环境异常变化等，危害人类生命财产、生活与经济活动或破坏人类赖以生存与发展的资源、环境的现象或过程。地质灾害主要是由地质动力活动或地质环境异常变化引起的。常见的地质灾害主要有地震、泥石流、滑坡等。

一、地震

地震又称地动、地振动，是地壳快速释放能量过程中造成的振动，其间会产生地震波的一种自然现象。动震的发源处称为震源。大多数震源都在地壳和上地幔顶部，即岩石圈内。根据震源的深度，地震可分为三类：浅源地震（深度在 0～70 千米）、中源地震（深度在 70～300 千米）和深源地震（深度在 300 千米以上）。由震源竖一垂直线至地面上的

图 10-1 地震灾害

位置称为震中。震中是地表距离震源最近的地方，因此地震波最早到达该处，震动也最为强烈，破坏程度也最大。

（一）地震的成因与类型

关于地震的成因一直以来都是地震学科中的一个重大课题。地震按成因可以分为以下四种类型。

1. 构造地震

由于地壳运动引起地壳岩层断裂、错动而发生的地壳震动，称为构造地震。由于地球不停地运动变化，从而使地壳内部产生了巨大的应力作用。在地应力长期缓慢的作用下，地壳的岩层发生弯曲变形，当地应力超过岩石本身能承受的强度时便会使岩层断裂错动，其巨大的能量突然释放，形成构造地震。这类地震发生的次数最多，破坏力也最大，占全球地震数的 90％以上。

2. 火山地震

由于火山活动时岩浆喷发冲击或热力作用而引起的地震，称为火山地震。地震和火山往往存在关联。火山爆发可能会激发地震，而发生在火山附近的地震也可能引起火山爆发。一般而言，这类地震影响范围不大，发生得也较少，约占全

球地震的 7%。

3. 陷落地震

由于地下水溶解可溶性岩石（如石灰岩），或由于地下采矿形成的巨大空洞，造成地层崩塌陷落而引发的地震，称为陷落地震。这类地震约占地震总数的 3%，震级也都比较小，引起的破坏也较小。

4. 诱发地震

因某种地壳外界因素诱发而引起的地震，称为诱发地震。这些外界因素可以是地下核爆炸、陨石坠落、油井灌水、水库蓄水等，其中最常见的因素是水库蓄水。水库蓄水后改变了地面的应力状态，且库水渗透到已有的断层中，起到润滑和腐蚀作用，促使断层产生滑动而形成水库地震。但是，并不是所有的水库蓄水后都会发生水库地震，只有当库区存在活动断裂、岩性刚硬等条件的，才有诱发地震的可能性。

相关链接：

地震防护知识

（二）地震的危害

地震灾害可分为原生灾害、次生灾害和诱发灾害三类。

1. 原生灾害

原生灾害是指地震直接产生的地表破坏、各类建筑结构的破坏以及由此引发的人员伤亡与经济损失。原生灾害有三种类型：一是对震区内居民生命安全的影响，比如人员被砸、被撞、被困、被埋等；二是对建筑物的破坏，比如桥梁断裂、房屋倒塌、水坝开裂等；三是对地面的破坏，比如地面裂缝、塌陷等。

2. 次生灾害

次生灾害是指由地震破坏而间接引起的火灾、水灾、海啸、滑坡、泥石流、爆炸、放射性污染、有毒液体和气体的外溢泄漏等。有时，次生灾害造成的损失比原生灾害还大，最常见的就是火灾。

3. 诱发灾害

诱发灾害是指因地震而引起的各种社会性灾害，如饥荒、瘟疫、社会动乱及人的心理创伤等。

（三）地震的避险与自救

近年来，地震频发，已引起社会各界的关注，相关部门也越来越重视防震救灾工作。虽然我国已初步建立了防震减灾管理体系，包括地震逃生在内的演习。但是每年参与演习的人数毕竟是有限的。所以为了在遇到地震时不慌乱，我们需要懂得一些自救知识。

1. 在户外遇到地震

（1）地震时若在户外，千万不能冒着大地的震动进屋去抢救亲人、朋友；要克制感情避免更多伤亡；首先保存自己，才能在地震过后及时抢救亲人、朋友。

（2）在山区傍山而建的建筑物附近，要迅速撤离到安全地带，防止山体滑坡、坍塌和泥石流等地震引起的次生灾害。如果在山坡，千万不要跟着滚石往山下跑，而应躲在山坡上隆岗的背后；同时还要远离陡崖，防止滑坡、泥石流等对人的威胁。

（3）如果在街上行走时发生地震，最好将携带的皮包或柔软的物品顶在头上，无物品时也可用手护在头上，尽可能做好自我防御的准备；应该迅速离开变压器、电线杆等危险设施和围墙、狭窄巷道等，跑向比较开阔的空旷地带。

（4）地震时如果处在有毒气体的化工厂厂区，要朝污染源的上风处迎风奔跑。如果伤员是氯气中毒，这时不要进行人工呼吸，待移动到安全地带，再进行紧急抢救。

2. 在屋内遇到地震

（1）地震突发时，若在室内，切不可贸然外逃，特别是居住在高层楼房、建筑物密集公寓区等。应立即在室内选择较理想的地方躲避，如床下、桌子底下。居住在单元楼内，可选择开间小的卫生间、厨房、储藏室及墙角。

（2）农村地震时可逃出户外，来不及时，最好也在室内避震，比如可躲在桌下、床下或其他理想的地方，依靠它们的支撑，挡住砸下的水泥块和砖块等；要注意远离窗户。外逃时，最好头顶被子、枕头或安全帽。

（3）地震突然发生后，必须抓住时机拉断电源、关闭煤气、熄灭炉火，以防火灾和煤气泄漏等次生灾害。夜间地震时，要尽快向安全地带转移。

（4）地震过后，房内人员应有组织、有秩序地迅速撤离已遭破坏的建筑物。高层住户向下转移时，千万不能跳楼，也不能乘电梯。

（5）为防止地震时门框变形打不开门，在防震期间，如家居安全条件允许，最好不要关门。

3. 在行驶的汽车、电车、火车内遇到地震

在行驶的车辆中遇到地震应抓牢扶手，以免摔伤、碰伤，同时要注意行李掉下来伤人。面朝行李方向的人，可用胳膊靠在前排椅子上护住头和面部；背向行李方向的人可用胳膊护住后脑，并抬膝护腹，紧缩身体。地震后，迅速下车向开阔地转移，正在行驶的车辆应该紧急刹车。

4. 地震后被压埋人员的自救

从防震的角度来讲，各种室内的应急措施都是十分软弱和有限的，不能阻止房屋的破坏和倒塌，因此人员有可能会被压埋在建筑物下。大地震中被倒塌建筑物压埋的人，只要神志清醒，身体没有重大创伤，都要鼓起求生的勇气，要消除恐惧心理，坚定生存信念，妥善保护好自己，积极实施自救。能自己离开险境者，应尽快想办法脱险。

（1）设法将手脚挣脱出来，清除脸上的灰土和压在身上的物件，特别是腹部以上的压物，等待救援。

（2）要尽量用湿毛巾、衣物或其他布料捂住口、鼻和头部，防止灰尘呛闷发生窒息，也可以避免建筑物进一步倒塌造成的伤害。

（3）用周围可以挪动的物品支撑身体上方的重物，避免进一步塌落；扩大活动空间，保持足够的空气。

（4）寻找和开辟通道，设法逃离险境，朝着有光线、空气流通或更安全宽敞的方向移动。

（5）寻找维持生命的物品。如找到食品和水等，要有计划地节约使用，尽量延长生存时间，等待救援。

（6）保存体力，不要盲目大声呼救。在周围十分安静，或听到上面（外面）有人活动时，应利用一切办法与外界联系，如用砖、铁管等物敲打墙壁，向外界传递消息。当确定不远处有人时，再呼救。

（7）几个人同时被压埋时，要互相鼓励，共同计划，团结配合，必要时采取脱险行动。

二、泥石流

泥石流是介于流水与滑坡之间的一种地质作用。典型的泥石流由悬浮着粗大固体碎屑物并富含粉沙及黏土的黏稠泥浆组成。在适当的地形条件下，大量的水体浸透山坡或沟床中的固体堆积物质，使其稳定性降低，饱含水分的固体堆积物质在自身重力作用下发生运动，就形成了泥石流。

（一）泥石流的成因

泥石流一般发生在半干旱山区或高原冰川区。这里的地形十分陡峭，泥沙、石块等堆积物较多，树木很少。一旦暴雨来临或冰川解冻，大大小小的石块有了足够的水分，便会顺着斜坡滑动起来，形成泥石流。

泥石流的形成原因比较复杂，主要需要以下三个条件：

1. 地貌条件

泥石流的地貌一般可分为形成区、流通区和堆积区三部分。地形倾斜度是泥石流是否能形成的主要因素，据实地考察得知，倾斜度必须大于15°才可能发生泥石流。

2. 地质条件

泥石流通常发生于地质构造复杂、断裂褶皱、新构造活动强烈、地震烈度较高的地区。第一，地表岩石破碎，崩塌、错落、滑坡等不良地质现象发育，为泥石流的形成提供了丰富的固体物质来源。第二，岩层结构松散、软弱、易于风化、节理发育或软硬相间成层的地区，因易受破坏，为泥石流提供丰富的碎屑物来源。第三，一些人类工程活动，如滥伐森林、开山采矿、采石弃渣等均会造成泥石流，往往也为泥石流提供大量的物质来源。

3. 水源条件

水既是泥石流的重要组成部分，又是泥石流的激发条件和搬运介质（动力来源）。主要来源于暴雨、长时间的连续降雨、冰雪融水和水库溃决水体等。

（二）泥石流的危害

泥石流的特点通常表现为爆发突然，来势凶猛、迅速，并且兼有崩塌、滑坡和洪水破坏的多重作用，其危害程度比单一的崩塌、滑坡和洪水的危害更为广泛和严重。它对人类的危害主要表现在以下四个方面：

1. 对居民点的危害

泥石流最常见的危害之一便是冲进乡村、城镇，摧毁居民房屋、工厂、企事业单位及其他场所设施。淹没人畜、毁坏土地，严重时甚至造成村毁人亡的灾难。

2. 对交通的危害

泥石流可直接埋没车站、铁路、公路，摧毁路基、桥涵等设施，致使交通中断，还可引起正在运行的火车、汽车颠覆，造成重大的人身伤亡事故。

3. 对水利、水电工程的危害

泥石流可冲毁水电站、引水渠道及过沟建筑物，淤埋水电站尾水渠，并且淤积水库、磨蚀坝面等。

4. 对矿山的危害

泥石流可摧毁矿山及其设施，淤埋矿山坑道、伤害矿山人员、造成停工停产，甚至使矿山报废。

（三）泥石流的避险与自救

（1）长时间降雨、暴雨渐小后或雨刚停，都不应马上返回危险区。

（2）避开泥石流，应选择在较高的基岩台地、低缓山梁上等安全处修建临时避险棚，切忌建在沟床岸边、较低的阶地、台地及坡脚、河道拐弯的下游边缘地带。

（3）遭遇泥石流后，要及时通告上级有关部门，请其帮助救灾。

（4）及时通知上、下游受害的地区，做好防灾避险的准备。

（5）遭遇泥石流时，要立即选择与泥石流垂直的方向沿两侧山坡往上爬，爬得越快越高越安全。不要顺泥石流的方向往下跑，也不要爬树，更不要停留在低洼处。

（6）泥石流非常危险，一旦陷入其中很难摆脱，万一不幸陷入其中，不要慌张，要大声呼救，并及时向后边的人发出警告，然后将身体后倾轻轻躺在沼泽地里，同时张开双臂，十指张开，平贴在地面上慢慢将陷入泥潭的双脚抽出来，切忌用力过猛过大，避免陷得更深。然后采取仰泳般的姿势向安全地带"游"过去，尽量以轻柔缓慢的动作进行，千万不要惊慌挣扎。

（7）泥石流发生后，沿河（沟）谷的道路也往往被掩埋破坏得无影无踪，泥沙满沟，行走时要防止跌伤、磕碰，避免发生各种外伤。

（8）当公路、铁路、桥梁被冲毁后应及时阻止车辆通行，设置警示牌，以免车辆被颠覆，造成人员伤亡。

（9）泥石流发生时常席卷、淹浸、淤埋沿途的房屋、牲畜及杂物、污物，泥石流结束之后应进行清理消毒，做好卫生防疫工作，防止流行病的发生和传播。

相关链接：
泥石流沟识别与避灾

三、滑坡

滑坡是指斜坡上的土体或岩体在自然或人为因素作用下整体或分散地沿边坡向下滑动的自然现象。滑坡也叫作地滑，或"走山""垮山""山剥皮"。一个滑坡从孕育到形成，要经历裂、蠕、滑、稳四个阶段。

（一）滑坡的成因

产生滑坡的原因很多，大致可以分为自然原因和人为原因。

1. 自然原因

（1）降雨：大雨、暴雨和长时间的连续降雨、融雪。

（2）地震：引起坡体晃动，破坏坡体平衡。

（3）地表水的冲刷、浸泡：河流等地表水体不断地冲刷坡脚或浸泡坡脚、削弱坡体支撑或软化岩、土，降低坡体强度。

2. 人为原因

人为原因指开挖坡脚、地下采空，水库蓄水、泄水等改变坡体原始平衡状态的人类活动。常见的可能诱发滑坡、崩塌的人类活动有采掘矿产资源、道路工程开挖边坡、水库蓄水与渠道渗漏、堆（弃）渣填土、强烈的机械振动等。

（二）滑坡的危害

随着世界人口的不断增长、人类活动的空间范围逐渐扩展和工程活动的规模不断加大，加之受到全球气候变化等因素的影响，滑坡灾害发生的频率越来越高，所造成的经济损失和人员伤亡也不断加大。到目前为止，全球范围内凡是有人类居住和工程活动的山岭地区，几乎都有滑坡灾害发生，已成为仅次于地震的第二大地质灾害。我国是亚洲乃至世界上滑坡灾害最严重的国家之一，滑坡常常给工农业生产以及人民生命财产造成巨大损失，有的甚至是毁灭性的灾难。

（三）滑坡的避险与自救

（1）出现滑坡征兆时应及时将滑坡情况上报当地政府部门，由政府部门组织将险区内的居民、财产及时撤离。

（2）逃生时要抛弃一切影响奔跑速度的物品。

（3）发生滑坡时，要沿垂直于滑坡轴的两侧山坡往上爬，爬得越快、越高越安全。不要顺滑坡的方向逃避，也不要爬树躲避，更不要停留在低洼处。

（4）抢救滑坡掩埋的人和物时，首先要把后面的水设法排开，再从滑坡体侧面开挖，否则在开挖时后面的滑坡会影响抢救效率，甚至会再次发生危险。

（5）抢救出被掩埋的人，搬动要细心，严禁因拖拉伤员而加重伤情。

（6）清除口腔、鼻腔中泥沙、痰液等杂物，对呼吸困难者或呼吸停止者进行人工呼吸；大出血伤员须止血；骨折者就地固定后运送；颈椎骨受挫时需一人扶住伤员头部并稍加牵引，同时头部两侧放沙袋固定，并送往医院。

（7）及时清理滑坡损坏的物品，并注意灾后的卫生防疫工作。

 案例警示

案例 1

2008 年 5 月 12 日 14 时 28 分 04 秒，四川省汶川县发生 8.0 级特大地震，震中位于汶川县映秀镇与漩口镇交界处。

由于印度洋板块在以每年约 15 厘米的速度向北移动，使得亚欧板块受到压力，并造成青藏高原快速隆升。又由于受重力影响，青藏高原东面沿龙门山在逐渐下沉，且面临着四川盆地的顽强阻挡，造成构造应力能量的长期积累。最终压力在龙门山北川至映秀地区突然释放。造成了逆冲、右旋、挤压型断层地震。汶川特大地震发生在地壳脆韧性转换带，震源深度为 10～20 千米，与地表近，持续时间较长，约 2 分钟，因此破坏性巨大，影响强烈。

地震包括震中 50 千米范围内的县城和 200 千米范围内的大中城市。陕西、甘肃、宁夏、天津、青海、北京、山西、山东、河北、河南、安徽、湖北、湖南、重庆、贵州、云南、内蒙古、广西、广东、海南、江西、西藏、江苏、上海、浙江、辽宁、福建等全国多个省（自治区、直辖市）和香港、澳门特别行政区以及台湾地区有明显震感。甚至泰国首都曼谷，越南首都河内，菲律宾、日本等地均有震感。

据民政部报告，截至 2008 年 9 月 25 日 12 时，汶川地震已确认有 69227 人遇难，374644 人受伤，17923 人失踪。

案例 2

甘南藏族自治州舟曲县是"两山加一河"的地形，县城就位于河谷地带。2010 年 8 月 7 日 22 时许，舟曲县突降强降雨，持续 40 多分钟，暴雨引发北山两条沟系特大山洪泥石流。县城北面的罗家峪、三眼峪泥石流下泄，由北向南冲向县城，造成沿河房屋被冲毁，泥石流阻断白龙江形成堰塞湖。北山上突发洪水，不到几分钟的时间就把沿着排洪沟两边排列的 3 个村庄的数百间房屋冲毁。2010 年 8 月 8 日下午，舟曲县城里最靠近北山的村子月圆村（受灾最为严重的村庄）基本上找不到完整的房屋。而在排洪沟的两侧，大部分的房屋要么被冲毁，要么被浸泡，舟曲县城关一小在经过泥石流之后，只剩下了一栋教学楼，其余的教室和操场全部被冲毁；而城关镇政府的办公楼则完全被夷为平地。

第二节　气象灾害

气象灾害是自然灾害中最为频繁而又严重的灾害之一。中国是世界上自然灾害发生十分频繁，灾害种类甚多，造成损失十分严重的少数国家之一，而其中气象灾害每年造成的经济损失巨大，直接影响着社会和经济的发展。

一、台风

台风是热带气旋的一种。我国将热带气旋依其中心附近的最大风力划分为六个等级：热带低压、热带风暴、强热带风暴、台风、强台风和超强台风。其中热带气旋中心持续风速达到 12 级以上（即每秒 32.7 米或以上）的称为台风。由于能量大、突发性强、破坏力大等特点，台风给所到之处造成的影响也是巨大的，是世界上最严重的自然灾害之一。

图 10－2　台风灾害

通常所说的"台风"和"飓风"都属于北半球的热带气旋，由于它们产生在不同的海域，不同国家的人给予其不同的称谓。一般来说，在东太平洋和大西洋海域生成的热带气旋，风力达到 12 级以上，被称作"飓风"，而在西太平洋上生成的热带气旋称作"台风"。

（一）台风的危害

我国是受台风影响最严重的国家之一，西北太平洋热带气旋有近50％影响我国。台风灾害主要是在台风登陆之前和登陆之后引起的。台风引起的直接灾害通常由以下三方面造成：

1. 狂风

台风风速大都在17米/秒以上，甚至在60米/秒以上。因此台风及其引起的海浪可以把万吨巨轮抛向半空拦腰折断，也可以把巨轮推入内陆；飓风级的风力足以损坏甚至摧毁陆地上的建筑、桥梁、车辆等。在建筑物没有被加固的地区，造成的破坏更大。大风亦可以把杂物吹到半空，使户外环境变得非常危险。

2. 暴雨

一次台风登陆，降雨中心一天中可降下100～300毫米，甚至500～800毫米的大暴雨。台风暴雨造成的洪涝灾害，来势凶猛，破坏性极大，是极具危险性的气象灾害。

相关链接：

如何应对台风

3. 风暴潮

当台风移向陆地时，由于台风的强风和低气压的作用，海水向海岸方向强力堆积，潮位猛涨，水浪排山倒海般向海岸压去。强台风的风暴潮能使沿海水位上升5～6米。如果风暴潮与天文大潮高潮位相遇，能产生高频率的潮位，导致潮水漫溢，海堤溃决，冲毁各类建筑设施，淹没城镇和农田，造成大量人员伤亡和财产损失。

台风这种等级高、强度大的自然灾害发生以后，不但破坏人类生存的环境，还常常导致一连串的其他灾害。在一些大中城市，台风造成的暴雨和海水倒灌很可能造成内涝等，引发交通瘫痪，影响城市正常运行甚至造成人员伤亡。台风还可能造成生态破坏、疫病流行，如台风引起的风暴潮会造成海岸侵蚀，海水倒灌造成土地盐渍化等灾害；台风造成的泥石流会破坏森林植被；台风引发的洪水过后常常容易出现疫情等；台风甚至会造成农作物的病虫害。

（二）台风危害的应对

1. 有备无患

台风来临前及时防范：

（1）及时收听、收看或上网查阅台风预警信息，做好防范工作。

（2）紧固易被大风吹动的搭建物。棚架、招牌、霓虹灯、吊机等悬空和高空设施要进行加固，并将露于阳台、窗外的物品移入室内。

（3）及时转移。从危旧房屋和低洼地区转移至安全处。

（4）检查电路、炉火、煤气等设施是否安全；准备手电、蜡烛，储存饮水，以防断电停水；多备一两天的食物。

（5）学校应采取暂避措施，必要时停课。

2. 临危不惧

台风来袭时紧急避险：

（1）紧闭门窗。应把门窗捆紧拴牢，特别应对铝合金门窗采取防护。收起屋内外的各种悬挂物。关闭门窗，必要时加钉木板。非必要时不要外出。

（2）停止一切高空及户外活动，停止各种露天集体活动和室内大型集会。

（3）突遇台风时，速往小屋或洞穴躲避。遇强风时，尽量趴在地面往林木丛生处逃生，不可躲在枯树下。

3. 处变不惊

台风过后警惕隐患：

（1）台风信号解除后，要在撤离地区被宣布为安全以后才可以返回。

（2）不要随意使用煤气、自来水、电线线路等。

（3）台风过后还需要注意环境卫生，注意食物、水的安全。

二、沙尘暴

沙尘暴，是沙暴和尘暴两者兼有的总称。沙尘暴的天气状况可以分为浮尘、扬沙、沙尘暴和强沙尘暴四种。浮尘，指地面尘土或者细小沙粒均匀地飘浮在空中，使空气水平能见度小于 10 千米的天气现象；扬沙，指风将地面的沙尘卷起，使空气十分混浊，空气水平能见度在 1～10 千米的天气现象；沙尘暴，指强风将地面大量的尘沙卷起，使空气特别混浊，空气的水平能见度小于 1 千米的天气现象；强沙尘暴，指大风将地面尘沙卷起，使空气模糊不清，混浊不堪，空气水平能见度小于 500 米的天气现象。

（一）沙尘暴的成因

沙尘暴天气主要发生在冬春季节，因为此时干旱区降水特别少，地表异常干燥松散，抗风蚀能力很弱。当有大风刮过时，就会将大量细小沙尘卷入空中，形成沙尘暴天气。强劲的风是沙尘暴得以形成的动力基础，也是沙尘暴能够长距离蔓延、肆虐的动力保证。地表的细沙和尘源是沙尘暴形成的重要基础。不稳定的热力条件有利于形成空气流动，从而使风夹带沙尘，卷扬到空中形成沙尘暴。同时，干旱少雨气候，气温冷热不均，变化明显，是沙尘暴形成的气候背景。当冷暖气团相交，在冷暖锋交汇处最容易形成强大的上升或下降气流。形成沙尘暴还和狭长的地形有关，该地形可以进一步提高风速和强化对地面的风蚀作用。

（二）沙尘暴的危害

沙尘暴通过强风、沙埋、土壤风蚀和空气污染对人类的生产和生活造成严重的不良影响。

（1）沙尘暴天气下，空气的冲撞、摩擦噪声会使人们心里感到不适，特别是大风音频过低，能直接影响人体的神经系统，使人头痛、恶心、烦躁。

（2）猛烈的大风、沙尘常使空气中的"维生素"即负氧离子严重减少，导致那些对天气变化敏感的人体内发生变化，在血液中开始分泌大量的血清素，让人感到神经紧张、压抑和疲劳，并会引起一些人的甲状腺负担过重。

（3）大风使地表面蒸发强烈，驱走大量的水汽，空气中的湿度大大减少，使人口干唇裂，鼻腔黏膜变得干燥、弹性减小，容易出现微小的裂口，免疫功能随之降低，使许多病菌乘虚而入，易导致呼吸道疾病的发生，如流感、支气管炎、肺结核等。

（4）沙尘暴天气下，灰尘及沙土容易吹进眼睛里，由于外界的刺激，极易引起急性结膜炎。

（三）沙尘暴危害的应对

1. 沙尘季节注意收听气象预警

沙尘暴来临之前，气象部门会向社会发布预警信号，可以通过电视、广播、报纸、互联网、手机短信等，或者拨打电话121向当地气象台咨询，或查看户外预警信号警示装置（如警示牌）来获得预警信息，也可以登录中国气象局官方网站和中国天气网等获取沙尘暴预警信息。沙尘暴根据出现时间迟早和能见度大小可分为三级，由弱到强分别用黄色、橙色、红色表示。

2. 防范沙尘暴危害

（1）应及时关好门窗，将门窗的缝隙用胶带封好；如果在危旧房屋应及时撤出；尽量减少外出，尤其是老人、未成年人和体弱者；学校要推迟上学或者放学，直到沙尘暴结束。

（2）外出前应戴好防护镜及口罩或纱巾罩；行人要远离高层建筑、工地、广告牌、老树、枯树、水渠、水沟及水库等。

（3）沙尘天气里司机应开启雾灯、防炫目近光灯、示廓灯和前后位灯，如果能见度在 100～200 米，时速最好控制在 40 千米以下，夜间时速应在 30 千米以下。

（4）出现沙尘天气时，各级政府及相关部门要制定应对措施，机场、高速公路、铁路等部门，要科学调度，确保交通安全。发生强沙尘暴时，飞机、火车、长途客车等应暂时停飞、停运。

（5）医院、食品加工厂、精密仪器生产或使用单位，要做好食品、药品和重要精密仪器的密封工作。

（6）有关单位要妥善放置易受大风影响的物资，加固围板、棚架、广告牌等易被风吹动的搭建物，建筑工地要覆盖好裸露沙土和废弃物，以免尘土飞扬。

（7）停止一切露天生产活动和高空、水上等户外危险作业。

（8）沙尘暴结束后，市政环卫部门要及时洒水、清扫城市街道和院落沉积的大量沙尘。

三、高温

气象学上，气温在 35℃ 以上时可以称为高温天气，如果连续几天的最高气温都超过 35℃，即可称为高温热浪天气。人体的正常温度是 36℃～37℃，据测定当气温在 35℃～39.9℃ 时，人就会感到奇热；当气温高于 40℃ 时，人就会感到酷热难当。

（一）高温的危害

高温是一种灾害性天气，特别是持续性高温，对人体的危害很大。

（1）高温会对人们的工作、生活和身体产生不良影响，容易使人疲劳、烦躁和发怒，各类事故相对增多，甚至犯罪率也会上升。

（2）高温天气对人体健康的主要影响是引发中暑，人体在过高温度环境作用下，体温调节机制暂时发生障碍，而发生体内热蓄积，导致中暑。

（3）高温时期是脑血管病、心脏病和呼吸道等疾病的多发期，死亡率相应增高，特别是老年人的死亡率增高更为明显。在高温潮湿无风低气压的环境里，人体排汗受到抑制，体内蓄热量不断增加，心肌耗氧量增加，使心血管处于紧张状态。闷热还可导致人体血管扩张，血液黏稠度增加，易发生脑出血、脑梗、心肌梗死等症状，严重的可能导致死亡。

（4）在夏季闷热的天气里，还易出现热伤风（夏季感冒）、腹泻和皮肤过敏等疾病。

（5）持续的高温天气还会导致农业生产的高温热害。如高温会使灌浆后期的早稻遭受"高温逼熟"，导致籽粒不饱满、粒重下降；也使得脐橙、柑橘等水果幼果脱落严重，农产品的产量将受到较大影响。

（二）高温危害的应对

（1）注意收听高温预报，饮食宜清淡。多喝凉开水、冷盐水、白菊花水、绿豆汤等防暑饮品。

（2）高温外出时，应备好太阳镜、遮阳帽、清凉饮料等防暑用品；衣着要宽松舒适，以通风透气性好、吸湿性强的棉织物为宜，少穿化纤类服装；长时间外出还要准备好"十滴水""清凉油""人丹"等防暑药物。

（3）室内要注意保持通风，早晚可在室内适当洒水降温；如在户外工作，可早出晚归，中午多休息。

（4）合理安排作息时间。睡眠时注意不要躺在空调的出风口和电风扇下，以免患上空调病和热伤风；空调温度应控制在与室外温度相差 5℃～10℃，室内外温差太大，反而容易中暑、感冒。

（5）出汗后，应用温水冲洗，洗净擦干后，在局部易出痱子的地方适当扑些痱子粉，以保持皮肤干燥。

（6）晒伤皮肤出现肿胀、疼痛时，可将冷毛巾敷在患处，直至痛感消失。出现水疱，不要挑破，应请医生处理。

（7）一旦发现他人中暑，应尽快将其移到阴凉通风处，用冷水浸湿衣服，裹住身体，并保持通风凉爽；或者不停地扇风散热并用冷毛巾擦拭中暑者身体，直到体温下降到38℃以下；可用冷毛巾敷于头部，饮用含盐凉开水，口服"十滴水"5毫升，太阳穴涂"清凉油"。

（8）如果中暑者意识比较清醒，应保持坐姿休息，头与肩部给予支撑。如果中暑者已失去意识，应平躺。给中暑者及时补充水分，通常服用口服补液盐，并且越凉越好。应多次少量地喝，不要大口喝，以免呕吐。如果病情严重，需送往医院救治。

（9）对于重症中暑者，应尽快进行物理降温，如在额头上、两腋下和腹股沟等处放置冰袋，以防止水肿，同时用冷水、冰水或者75％酒精（白酒亦可）搽全身。如果病情严重，应及时送往就近医院治疗。

四、雷电

雷电是伴有闪电和雷鸣的一种自然放电现象。雷电一般产生于对流发展旺盛的积雨云中，因此常伴有强烈的阵风和暴雨，有时还伴有冰雹和龙卷风。长期以来，雷电一直以直击雷的形式给自然界带来灾难性的打击。雷电灾害已被联合国有关部门列为最严重的十大自然灾害之一。

（一）雷电的危害

虽然雷电可以产生臭氧，净化空气，但由于带电的云层对大地上的某一点发生猛烈的放电，它的破坏力十分巨大，若不能迅速将其泻放入大地，将导致放电通道内的物体、建筑物、设施、人畜遭受严重的破坏或损伤，比如造成火灾、损坏建筑物、摧毁电子电气系统，甚至危及人畜的生命安全。

（二）雷电危害的应对

1. 室内预防

雷雨天气，即使在家也要注意预防雷电的危害。最科学的方法是在家中安装避雷器，如果家中没有安装避雷设备可以按以下方式预防。

（1）关闭门窗，关闭家用电器，拔掉电源插头，防止雷电从电源线入侵。同时，应远离门窗、水管、煤气管等金属物体。

（2）尽量不要拨打、接听电话，或使用电脑、手机上网，应拔掉电话线、电视天线等，在雷雨天气不要使用太阳能热水器洗澡。

2. 户外避险与自救

（1）立即停止室外游泳、划船、钓鱼等水上活动。要及时躲避，不要在空旷的野外停留。在空旷的野外无处躲避时，应寻找土坑等低洼之处藏身，或立即下蹲，尽量降低身体的高度。

（2）切勿站在楼顶、山顶，或接近其他易导电的物体，应迅速到干燥的室内避雨。也不要在水边和容易积水的洼地停留，如一时找不到房子避雨应就近到山间或山岩下避雨。在雷雨中不宜打伞，也不宜将羽毛球拍、钥匙等金属物拿在手上。同时，应远离孤立的大树、高塔、电线杆、广告牌。

（3）雷暴天气出门要穿胶鞋，这样可以起到绝缘作用。不宜开摩托车和骑自行车。人在汽车内一般不会遭到雷电袭击，因为封闭的金属导体有很好的防雷功能，但需注意不要将头和手等身体部位伸出窗外。对被雷击中人员，应立即采取心肺复苏法抢救。

🕐 案例警示

2016 年 6 月 23 日下午 2 点 30 分左右，江苏省盐城市阜宁县遭遇强冰雹和龙卷风双重灾害。盐城阜宁、射阳部分地区出现强雷电、短时降雨、冰雹、雷雨大风等强对流天气，造成房屋倒塌、人员伤亡、道路受阻、农业设施受损等灾害。阜宁县倒损房屋 1347 户 3200 间，2 所小学房屋受损，损毁企业厂房 8 栋，毁坏农业大棚面积 4.8 万亩，城东水厂因供电设备毁坏已中断供水，部分地区通信中断，40 条高压供电线路受损，射阳县倒损房屋 615 户，电力、通讯杆线受损严重。江苏淮安涟水和盐城阜宁交界处的龙卷风导致当地局部区域供电中断，部分基站铁塔倾倒、通信电缆受损。

经过现场勘查研究，气象专家调查组认定，此次龙卷风达到了 EF4 的高强度龙卷风级别，破坏力巨大。截至 6 月 26 日 9 时，龙卷风冰雹灾害共造成 99 人死亡，受伤 846 人。

第三节　海啸与洪水灾害

从宇宙中看地球，地球是一个蔚蓝色的十分美丽的星球，海洋面积约占整个地球面积的 70%。海洋在大气的作用下，产生的各种类型和形态的循环，促进地球的生命轮回。但是在极端气候的影响下，水同时会带来极端的自然灾害，常见的破坏性最大的灾害要数海啸和洪灾。

一、海啸

海啸是一种具有强大破坏力的海浪。这种波浪运动引发的惊涛骇浪，汹涌澎湃，它卷起的海涛，波高可达数十米。这种"水墙"内含极大的能量，往往造成对生命和财产的严重摧残。

（一）海啸的成因

海啸是一种灾难性的海浪，通常由震源在海底下 50 千米以内、里氏震级 6.5 以上的地震引起。水下或沿岸山崩或火山爆发也可能引起海啸。在一次震动之后，震荡波在海面上以不断扩大的圆圈，传播到很远的距离，正如卵石掉进浅池里产生波一样。海啸波长比海洋的最大深度还要大，轨道运动在海底附近也不会受多大阻滞，不管海洋深度如何，波都可以传播。

（二）海啸的危害

海啸以摧枯拉朽之势，越过海岸线，越过田野，迅猛地袭击着岸边的城市和村庄，瞬时人们都消失在巨浪中。港口所有设施和被震塌的建筑物，在狂涛的洗劫下，被席卷一空。事后，海滩上一片狼藉，到处是残木破板和人畜尸体。海啸给人类带来的灾难是十分巨大的。

（三）海啸的避险与自救

（1）利用地震波与海啸到达的时间差，做好相关预防和撤离准备，注意网络和电视新闻。准备一个急救包，里面有足够 72 小时用的药物、饮用水和其他必需品。

（2）海啸发生前海水异常退去时，常常会把鱼虾等海生动物留在浅滩，场面蔚为壮观。此时，千万不要前去捡鱼或者看热闹，而应当迅速离开海岸，向陆地高处转移。

（3）如果在海啸时不幸落水，要尽快抓住木板等漂浮物，同时应注意避免与其他硬物碰撞。在水中不要举手，更不要乱挣扎，尽量减少动作，保持浮在水面随波漂流即可。这样既能避免身体下沉，又能减少体能的无谓消耗。

（4）尽量不要游泳，以防体内热量过快散失。不要喝海水。海水不仅不能解渴，反而会让人出现幻觉，导致精神失常甚至死亡。尽可能向其他落水者靠拢，既便于相互帮助和鼓励，又便于目标扩大上起救援人员注意。

二、洪水灾害

洪水灾害简称洪灾，是由于江、河、湖、库水位猛涨，堤坝漫溢或溃决，使客水入境而造成的灾害。

自古以来，洪涝灾害一直是困扰人类社会发展的自然灾害。我国很早就有劳动人民和洪水斗争的传说——大禹治水。据历史典籍记载的各大江河大量洪灾事实，其发生次数之频繁、损失之惨重说明防治洪灾是一项事关民生的重要

图 10 - 3　洪水灾害

工作。时至今日，洪涝依然是对人类影响重大的灾害之一，是我国国民经济和社会可持续发展的心腹大患。洪灾给受灾地区带来极大的损失，严重损害了社会经济的持续健康稳定发展。因此，研究洪涝灾害的成因、危害和对策尤为重要。

（一）洪灾的成因

洪灾的形成原因可分为自然因素和人为因素两类。

（1）自然因素。自然因素包括自然地理环境、天气和水系特征、降雨等，不受人类控制。大气环流异常是洪灾发生的直接原因。

（2）人为因素。人为因素主要是因人类的社会经济活动而造成的生态破坏，如破坏森林植被引发水土流失、侵占江河水道影响洪水通行、围湖造田降低蓄洪能力等。

（二）洪灾的危害

（1）从洪灾发生的特征来看，洪水灾害具有明显的季节性、区域性和可重复性。我国的洪水灾害主要发生在 4 至 9 月。例如，我国长江流域的洪水几乎都发生在 6、7 月；黄淮河流域 7、8 月易发生洪水；四川盆地各水系的洪水期持续时间比较长，通常是 7 至 10 月；而松花江流域的洪水期则是 8、9 月。灾害与降水时空分布及地形有关。在我国洪灾一般是东部多、西部少；平原地区多，高原和山地少；沿海多，内陆少。洪灾同气候变化一样，有其自身的变化规律，这种变化由各种长短周期组成，使洪水灾害循环往复发生，不易根治。

（2）洪灾具有很大的普遍性和破坏性。洪灾不仅对局部受灾区有害，甚至会严重影响相邻流域，造成水系变迁。

（三）洪灾的避险与自救

（1）发现重大洪灾征兆或已经发生洪灾时，应尽快通过微博、微信等媒体将消息传递出去，引起政府关注，争取尽早控制灾害，避免其进一步扩大并等待救援。

（2）当洪水不断上涨，在短时间内不会消退时，应该贮备一些食物及必要的生活用品，如饮水、炊具、衣物等，尤其是生活在偏僻地区的人，一旦交通受阻，救援人员两三天内难以赶到，只得自救，必须准备饮用水、食物、保暖衣物以及烧开水的用具。如果没有轻便的用具，可以改吃干粮充饥。此外，最好携带火柴或打火机，必要时用来生火。

（3）如果因洪水来得太快，已经来不及转移时，应立即爬上屋顶、大树、高墙，暂时避险，等待救援。不到迫不得已，不要单独游水转移。

（4）当不得不逃出险境，则可自制简易木筏逃生。身边任何入水可浮的东西都可制作木筏，如木床、圆木、木梁、木箱子、木板、衣柜等。如无绳子，可用被单绑扎木筏。婴幼儿还可放在大盆里涉水。出发之前，一定要先吃些含热量较多的食物，如巧克力糖、甜糕饼等，并喝些热饮料，以增强体力。

（5）当发现高压线铁塔倾倒、电线低垂或断折，不可触摸或接近，应尽量远离，防止触电。

（6）在条件允许的情况下，应及时拨通求救电话，说明事发的详细地点、被困人数、险情程度、施救要求、联系电话等，以便得到及时救援。

🧭 案例警示

1998 年夏天，中国的长江、松花江、嫩江等主要河流干支流发生了洪水灾害。此次的长江洪水程度仅次于 1954 年，是长江在 20 世纪的第二次大洪水；松花江洪水是其在 20 世纪的第一次大洪水；珠江洪水是其在 20 世纪的第二次大洪水。

长江上游一共出现了 8 次洪峰，中下游也爆发洪水，最终成为全流域大洪水。长江流域面平均降雨量为 670 毫米（6 月到 8 月），比多年同期平均值偏多 37.5%。松花江上游的嫩江流域面平均降雨量 577 毫米（6 月到 8 月），比多年同期平均值偏多 79.2%。

这场洪水范围比较广，持续的时间也很长。数以十万计的解放军和武警官兵参与抗洪抢险，抵御从上流直卷的洪峰，守护江河堤坝。一些水利工程也起到了分洪作用。

本次洪水灾害中，江西、湖南、湖北、黑龙江、内蒙古、吉林等受灾最重。其中农田受灾 22290000 公顷，成灾面积 13780000 公顷；死亡 4150 人；倒塌房屋 685 万间，损坏房屋 1329.9 万间；直接经济损失 2551 亿元人民币。

附录一 普通高等学校学生安全教育及管理暂行规定

中华人民共和国国家教育委员会

教〔1992〕7 号

第一章 总则

第一条 为了加强高等学校管理，维护正常的教学和生活秩序，保障学生人身和财物安全，促进身心健康发展，特制定本暂行规定。

第二条 高等学校学生安全教育及管理的主要任务是，宣传、贯彻国家有关安全管理工作的方针、政策、法律、法规，对学生实施安全教育及管理，妥善处理各类安全事故，引导学生健康成长。

第三条 高等学校学生安全教育及管理，要以预防为主，本着保护学生、教育先行、明确责任、教管结合、实事求是、妥善处理的原则，做好教育、管理和处理工作。

第四条 本暂行规定所称学生指在普通高等学校学习取得学籍的全日制学生，即按国家任务、用人单位委托培养、自费三种计划形式录取的学生。

第二章 安全教育

第五条 高等学校应将对学生进行安全教育作为一项经常性工作，列入学校工作的重要议事日程，加强领导。学校各部门和有关群众团体或组织要相互配合，积极开展安全教育，普及安全知识。增强学生的安全意识和法制观念，提高防范能力。

第六条 学生安全教育应根据不同专业及青年学生的特点，从学生入学到毕业，在各种教学活动和日常生活中，特别是节假日前适时进行，并善于利用发生的安全事故教育学生，防患于未然。学校应根据环境、季节及有关规定进行防盗、防火、防特、防病、防事故等方面的教育，并使之经常化、制度化。

第七条 高等学校对学生进行安全教育须注重心理疏导，加强思想政治工作，教育学生注意保持健康的心理状态，帮助学生克服各种原因造成的心理障碍，把事故消除在萌芽状态。

第三章 安全管理

第八条 高等学校要做好学生日常安全管理工作，加强安全防范，建立和健全规章制度，严格管理。学校要把安全教育及管理工作纳入领导任期的责任目标，落实到年级班主任。学校应由一名校领导主要负责。

第九条　高等学校应确定学生安全教育及管理工作的主管部门。明确其职责，具体组织实施安全教育及其管理工作。各有关部门应分工协作，积极配合。

第十条　全体教职工要从关心学生、爱护学生出发，树立安全思想，努力做好本职工作和改善环境条件，保护学生人身和财产安全。

第十一条　学生发生意外事故以及学生要求保护人身或财物安全等情况时，学校应迅速采取有效措施。

第十二条　学生必须严格遵守国家法律、法规和学校各项规章制度，注意自身的人身和财物安全，防止各种事故的发生。

第十三条　学生在日常教学及各项活动中，应遵守纪律和有关规定，听从指导，服从管理；在公共场所，要遵守社会公德，增强安全防范意识，提高自我保护能力。

第十四条　学生组织集体课外活动，须经学校同意，按学校规定进行。学校须认真进行安全审查，条件不具备时不得批准。

第十五条　学生应严格遵守宿舍管理的规定，自觉维护宿舍的安全与卫生，提高自我管理能力。

第十六条　发现刑事、治安案件或交通、灾害等事故，在场学生应保护现场，及时报告学校或公安部门并协助处理。在学校范围内的，学校应迅速采取措施，控制事态发展，减轻伤害和损失。

第四章　事故处理

第十七条　学生人身和财产发生一般伤害后，学校要及时调查处理，根据当事人或他人的过错，责令其赔偿损失，并给予批评教育或相应行政、纪律处分。在校园内，发生学生非正常死亡、重伤和被窃、失火等造成财产重大损害事故后，学校应迅速采取措施进行抢救、保护现场，同时加强思想政治工作，稳定情绪，恢复秩序，并协同地方有关部门妥善处理。

第十八条　学校对事故调查后认为涉及追究刑事责任的，要及时与公安部门联系，协助调查处理。重大事故学校有关领导应亲自参与调查工作，并认真研究调查报告，及时处理。

第十九条　在安全管理或事故处理过程中，学校认为有必要需搜查学生住处，须报请公安部门依法进行。调查处理案件中以事实为依据，不得逼供或诱供。

第二十条　重大事故发生后，学校应在一天内向所在省、直辖市、自治区有关主管部门报告，并及时通知学生家长。事故处理结束后一周内书面报告有关主管部门。

第二十一条　学生在教学、实习过程与日常生活中，因学校或有关单位责任发生死亡、重伤或残疾，由学校或有关单位承担责任，做好处理及善后工作。在教学、实习过程与日常生活中，学生因不遵守纪律或不按要求活动而发生意外事故，学校不承担责任。

第二十二条　因忽视安全生产，管理不善；工作不负责，违章指挥；玩忽职守，徇私舞弊等对学生造成严重的人身、财物损害的，由其所在单位或上级主管部门，视具体情况对有关责任人员分别给予责令检查、赔偿损失、行政处分，直至依法追究刑事责任。

第二十三条　学生未经批准擅自离校不归发生意外事故的，学校不承担责任。对擅自离校不归，学校不知去向的学生，学校应及时寻找并报告当地公安部门，及时通知学生家长。半月不归且未说明原因者，学校可张榜公布，按自动退学除名。

第二十四条　学生假期或办理离校手续后发生意外事故的，学校不承担责任。

第二十五条　在校内正常生活及由学校在校外组织活动中，由于不能避免的原因或自然灾害而发生的事故，由学校视具体情况处理。

第二十六条　有条件的高等学校可为学生办理人身保险。

第二十七条　凡经学校指定的专业医院确诊为精神病、癫痫病患者的学生，应予退学，由其监护人员负责领回。学生及其监护人不得无理纠缠，扰乱学校教学、生活秩序。

第二十八条　因事故伤残的学生，经治疗后病情稳定，学校认为生活能自理，能坚持在校学习，可留校继续学习；不能坚持在校学习者，应予退学，由学校按其实际学习年限发给肄业证书，并根据事故性质和伤残程度一次性给予适当经济补助。退学学生回其监护人所在地，当地民政等有关部门应协助做好接收、落户等工作，由当地劳动部门按国家关于残疾人劳动就业有关规定安置。

第二十九条　学生因病死亡和责任不由学校承担的意外死亡，学校不承担丧葬费。如家庭确有困难者，学校可酌情予以一次性经济补助。

第三十条　因责任不在本人的意外死亡学生，由学校或有关单位参照国家关于事业单位职工死亡丧葬有关规定处理，负担丧葬费的全部，学校可一次性给予适当经济补助。无论何种情况（事故）给予的经济补助，一般不超过国家规定的学生在校期间（以四年计）的平均奖学金数。凡是事故责任由学校以外的其他单位、个人承担的，学校不再给予经济补助。

第三十一条　因保护国家财产和他人人身安全，见义勇为而致残或英勇牺牲的学生，学校应报请所在省、自治区、直辖市人民政府授予荣誉称号，并给予相应的待遇。

第三十二条 对事故处理不服或持有异议者，可向学校或学校上一级部门申诉，或者依法向人民法院提起民事诉讼。

第五章 附则

第三十三条 普通高等学校研究生事故处理，参照本办法执行。

第三十四条 本暂行规定结合《普通高等学校学生管理规定》《高等学校校园秩序管理若干规定》执行。

第三十五条 各省、自治区、直辖市教育行政部门和各高等学校可根据本暂行规定制定实施细则。

第三十六条 本暂行规定由国家教育部解释。

第三十七条 本暂行规定自发布之日起试行。

附录二　学生伤害事故处理办法

中华人民共和国教育部令第 12 号

第一章　总则

第一条　为积极预防、妥善处理在校学生伤害事故，保护学生、学校的合法权益，根据《中华人民共和国教育法》《中华人民共和国未成年人保护法》和其他相关法律、行政法规及有关规定，制定本办法。

第二条　在学校实施的教育教学活动或者学校组织的校外活动中，以及在学校负有管理责任的校舍、场地、其他教育教学设施、生活设施内发生的，造成在校学生人身损害后果的事故的处理，适用本办法。

第三条　学生伤害事故应当遵循依法、客观公正、合理适当的原则，及时、妥善地处理。

第四条　学校的举办者应当提供符合安全标准的校舍、场地、其他教育教学设施和生活设施。

教育行政部门应当加强学校安全工作，指导学校落实预防学生伤害事故的措施，指导、协助学校妥善处理学生伤害事故，维护学校正常的教育教学秩序。

第五条　学校应当对在校学生进行必要的安全教育和自护自救教育；应当按照规定，建立健全安全制度，采取相应的管理措施，预防和消除教育教学环境中存在的安全隐患；当发生伤害事故时，应当及时采取措施救助受伤害学生。

学校对学生进行安全教育、管理和保护，应当针对学生年龄、认知能力和法律行为能力的不同，采用相应的内容和预防措施。

第六条　学生应当遵守学校的规章制度和纪律；在不同的受教育阶段，应当根据自身的年龄、认知能力和法律行为能力，避免和消除相应的危险。

第七条　未成年学生的父母或者其他监护人（以下称为监护人）应当依法履行监护职责，配合学校对学生进行安全教育、管理和保护工作。

学校对未成年学生不承担监护职责，但法律有规定的或者学校依法接受委托承担相应监护职责的情形除外。

第二章　事故与责任

第八条　发生学生伤害事故，造成学生人身损害的，学校应当按照《中华人民共和国侵权责任法》及相关法律、法规的规定，承担相应的事故责任。

第九条　因下列情形之一造成的学生伤害事故，学校应当依法承担相应的责任：

（一）学校的校舍、场地、其他公共设施，以及学校提供给学生使用的学具、教育教学和生活设施、设备不符合国家规定的标准，或者有明显不安全因素的；

（二）学校的安全保卫、消防、设施设备管理等安全管理制度有明显疏漏，或者管理混乱，存在重大安全隐患，而未及时采取措施的；

（三）学校向学生提供的药品、食品、饮用水等不符合国家或者行业的有关标准、要求的；

（四）学校组织学生参加教育教学活动或者校外活动，未对学生进行相应的安全教育，并未在可预见的范围内采取必要的安全措施的；

（五）学校知道教师或者其他工作人员患有不适宜担任教育教学工作的疾病，但未采取必要措施的；

（六）学校违反有关规定，组织或者安排未成年学生从事不宜未成年人参加的劳动、体育运动或者其他活动的；

（七）学生有特异体质或者特定疾病，不宜参加某种教育教学活动，学校知道或者应当知道，但未予以必要的注意的；

（八）学生在校期间突发疾病或者受到伤害，学校发现，但未根据实际情况及时采取相应措施，导致不良后果加重的；

（九）学校教师或者其他工作人员体罚或者变相体罚学生，或者在履行职责过程中违反工作要求、操作规程、职业道德或者其他有关规定的；

（十）学校教师或者其他工作人员在负有组织、管理未成年学生的职责期间，发现学生行为具有危险性，但未进行必要的管理、告诫或者制止的；

（十一）对未成年学生擅自离校等与学生人身安全直接相关的信息，学校发现或者知道，但未及时告知未成年学生的监护人，导致未成年学生因脱离监护人的保护而发生伤害的；

（十二）学校有未依法履行职责的其他情形的。

第十条 学生或者未成年学生监护人由于过错，有下列情形之一，造成学生伤害事故，应当依法承担相应的责任：

（一）学生违反法律法规的规定，违反社会公共行为准则、学校的规章制度或者纪律，实施按其年龄和认知能力应当知道具有危险或者可能危及他人的行为的；

（二）学生行为具有危险性，学校、教师已经告诫、纠正，但学生不听劝阻、拒不改正的；

（三）学生或者其监护人知道学生有特异体质，或者患有特定疾病，但未告知学校的；

（四）未成年学生的身体状况、行为、情绪等有异常情况，监护人知道或者已被学校告知，但未履行相应监护职责的；

（五）学生或者未成年学生监护人有其他过错的。

第十一条 学校安排学生参加活动，因提供场地、设备、交通工具、食品及其他消费与服务的经营者，或者学校以外的活动组织者的过错造成的学生伤害事故，有过错的当事人应当依法承担相应的责任。

第十二条 因下列情形之一造成的学生伤害事故，学校已履行了相应职责，行为并无不当的，无法律责任：

（一）地震、雷击、台风、洪水等不可抗的自然因素造成的；

（二）来自学校外部的突发性、偶发性侵害造成的；

（三）学生有特异体质、特定疾病或者异常心理状态，学校不知道或者难于知道的；

（四）学生自杀、自伤的；

（五）在对抗性或者具有风险性的体育竞赛活动中发生意外伤害的；

（六）其他意外因素造成的。

第十三条 下列情形下发生的造成学生人身损害后果的事故，学校行为并无不当的，不承担事故责任；事故责任应当按有关法律法规或者其他有关规定认定：

（一）在学生自行上学、放学、返校、离校途中发生的；

（二）在学生自行外出或者擅自离校期间发生的；

（三）在放学后、节假日或者假期等学校工作时间以外，学生自行滞留学校或者自行到校发生的；

（四）其他在学校管理职责范围外发生的。

第十四条 因学校教师或者其他工作人员与其职务无关的个人行为，或者因学生、教师及其他个人故意实施的违法犯罪行为，造成学生人身损害的，由致害人依法承担相应的责任。

第三章　事故处理程序

第十五条 发生学生伤害事故，学校应当及时救助受伤害学生，并应当及时告知未成年学生的监护人；有条件的，应当采取紧急救援等方式救助。

第十六条 发生学生伤害事故，情形严重的，学校应当及时向主管教育行政部门及有关部门报告；属于重大伤亡事故的，教育行政部门应当按照有关规定及时向同级人民政府和上一级教育行政部门报告。

第十七条 学校的主管教育行政部门应学校要求或者认为必要，可以指导、协助学校进行事故的处理工作，尽快恢复学校正常的教育教学秩序。

第十八条 发生学生伤害事故，学校与受伤害学生或者学生家长可以通过协商方式解决；双方自愿，可以书面请求主管教育行政部门进行调解。

成年学生或者未成年学生的监护人也可以依法直接提起诉讼。

第十九条 教育行政部门收到调解申请，认为必要的，可以指定专门人员进行调解，并应当在受理申请之日起 60 日内完成调解。

第二十条 经教育行政部门调解，双方就事故处理达成一致意见的，应当在调解人员的见证下签订调解协议，结束调解；在调解期限内，双方不能达成一致意见，或者调解过程中一方提起诉讼，人民法院已经受理的，应当终止调解。

调解结束或者终止，教育行政部门应当书面通知当事人。

第二十一条 对经调解达成的协议，一方当事人不履行或者反悔的，双方可以依法提起诉讼。

第二十二条 事故处理结束，学校应当将事故处理结果书面报告主管的教育行政部门；重大伤亡事故的处理结果，学校主管的教育行政部门应当向同级人民政府和上一级教育行政部门报告。

第四章　事故损害的赔偿

第二十三条 对发生学生伤害事故负有责任的组织或者个人，应当按照法律法规的有关规定，承担相应的损害赔偿责任。

第二十四条 学生伤害事故赔偿的范围与标准，按照有关行政法规、地方性法规或者最高人民法院司法解释中的有关规定确定。

教育行政部门进行调解时，认为学校有责任的，可以依照有关法律法规及国家有关规定，提出相应的调解方案。

第二十五条 对受伤害学生的伤残程度存在争议的，可以委托当地具有相应鉴定资格的医院或者有关机构，依据国家规定的人体伤残标准进行鉴定。

第二十六条 学校对学生伤害事故负有责任的，根据责任大小，适当予以经济赔偿，但不承担解决户口、住房、就业等与救助受伤害学生、赔偿相应经济损失无直接关系的其他事项。

学校无责任的，如果有条件，可以根据实际情况，本着自愿和可能的原则，对受伤害学生给予适当的帮助。

第二十七条 因学校教师或者其他工作人员在履行职务中的故意或者重大过失造成的学生伤害事故，学校予以赔偿后，可以向有关责任人员追偿。

第二十八条 未成年学生对学生伤害事故负有责任的，由其监护人依法承担相应的赔偿责任。

学生的行为侵害学校教师及其他工作人员以及其他组织、个人的合法权益，造成损失的，成年学生或者未成年学生的监护人应当依法予以赔偿。

第二十九条 根据双方达成的协议、经调解形成的协议或者人民法院的生效判决，应当由学校负担的赔偿金，学校应当负责筹措；学校无力完全筹措的，由学校的主管部门或者举办者协助筹措。

第三十条 县级以上人民政府教育行政部门或者学校举办者有条件的，可以通过设立学生伤害赔偿准备金等多种形式，依法筹措伤害赔偿金。

第三十一条 学校有条件的，应当依据保险法的有关规定，参加学校责任保险。

教育行政部门可以根据实际情况，鼓励中小学参加学校责任保险。

提倡学生自愿参加意外伤害保险。在尊重学生意愿的前提下，学校可以为学生参加意外伤害保险创造便利条件，但不得从中收取任何费用。

第五章　事故责任者的处理

第三十二条 发生学生伤害事故，学校负有责任且情节严重的，教育行政部门应当根据有关规定，对学校的直接负责的主管人员和其他直接责任人员，分别给予相应的行政处分；有关责任人的行为触犯刑律的，应当移送司法机关依法追究刑事责任。

第三十三条 学校管理混乱，存在重大安全隐患的，主管的教育行政部门或者其他有关部门应当责令其限期整顿；对情节严重或者拒不改正的，应当依据法律法规的有关规定，给予相应的行政处罚。

第三十四条 教育行政部门未履行相应职责，对学生伤害事故的发生负有责任的，由有关部门对直接负责的主管人员和其他直接责任人员分别给予相应的行政处分；有关责任人的行为触犯刑律的，应当移送司法机关依法追究刑事责任。

第三十五条 违反学校纪律，对造成学生伤害事故负有责任的学生，学校可以给予相应的处分；触犯刑律的，由司法机关依法追究刑事责任。

第三十六条 受伤害学生的监护人、亲属或者其他有关人员，在事故处理过程中无理取闹，扰乱学校正常教育教学秩序，或者侵犯学校、学校教师或者其他工作人员的合法权益的，学校应当报告公安机关依法处理；造成损失的，可以依法要求赔偿。

第六章　附则

第三十七条 本办法所称学校，是指国家或者社会力量举办的全日制的中小学（含特殊教育学校）、各类中等职业学校、高等学校。

本办法所称学生是指在上述学校中全日制就读的受教育者。

第三十八条 幼儿园发生的幼儿伤害事故，应当根据幼儿为完全无行为能力人的特点，参照本办法处理。

第三十九条 其他教育机构发生的学生伤害事故，参照本办法处理。

在学校注册的其他受教育者在学校管理范围内发生的伤害事故，参照本办法处理。

第四十条　本办法自 2002 年 9 月 1 日起实施，原国家教委、教育部颁布的与学生人身安全事故处理有关的规定，与本办法不符的，以本办法为准。

在本办法实施之前已处理完毕的学生伤害事故不再重新处理。

参考文献

[1] 杨军,李磊. 大学生安全知识读本[M]. 北京:北京师范大学出版社,2016.

[2] 郑恒山. 大学生安全教育[M]. 北京:北京师范大学出版社,2018.

[3] 刘志军,张宝运. 大学生安全教育图鉴[M]. 济南:山东人民出版社,2015.

[4] 理阳阳. 大学生安全教育[M]. 西安:西安电子科技大学出版社,2015.

[5] 万红. 大学生安全教育[M]. 郑州:河南大学出版社,2017.

[6] 庞若通. 大学生安全教育[M]. 上海:同济大学出版社,2017.

[7] 蔡昌卓. 当代大学生安全课堂[M]. 北京:中国人民大学出版社,2015.

[8] 郭林桦,叶明,赵祥伦. 新编大学生安全教育读本[M]. 贵阳:贵州大学出版社,2015.

[9] 安徽省高等学校保卫工作研究会. 大学生安全教育[M]. 合肥:安徽大学出版社,2015.

[10] 张根田. 大学生安全防护手册[M]. 北京:世界知识出版社,2015.

[11] 卿臻. 大学生安全教育[M]. 北京:高等教育出版社,2017.

[12] 佟会文. 大学生安全教育指南[M]. 沈阳:东北大学出版社,2015.

[13] 张久伟,蓝蓝. 大学生安全教育[M]. 北京:北京理工大学出版社,2015.

[14] 马先进. 大学生安全教育[M]. 长春:吉林大学出版社,2017.

[15] 蒋丽芬,张威. 大学生安全教育[M]. 北京:高等教育出版社,2017.

[16] 杨福梅,包仓. 大学生安全教育[M]. 南京:东南大学出版社,2017.

[17] 王忠林,熊伟. 大学生安全教育[M]. 成都:电子科技大学出版社,2017.

[18] 王雄伟. 大学生入学教育[M]. 湘潭:湘潭大学出版社,2014.

[19] 李刚. 大学生安全教育读本[M]. 哈尔滨:哈尔滨工程大学出版社,2015.

[20] 史文权,杨柳春. 大学生安全知识读本[M]. 武汉:武汉大学出版社,2014.

[21] 刘永富,陈秀英. 大学生安全教育[M]. 北京:化学工业出版社,2014.

[22] 曹广龙. 大学生安全教育[M]. 镇江:江苏大学出版社,2015.

[23] 方正泉. 大学生安全教育指南[M]. 苏州:苏州大学出版社,2015.

[24] 吉林省高等教育学会保卫专业委员会. 大学生安全教育简明手册[M]. 北京:高等教育出版社,2014.